另一個視角下的二二八

廖駿業營長南市手記

原著 廖駿業 主編 楊善堯 導讀 蘇聖雄

民國卅六年，廖駿業先生於營長任內身著戎裝留影

民國卅一年，廖駿業先生與杜聿涵女士（法號和珀）於南平結婚

民國卅五年，攣生長子廖雲柯、長女廖雲翹生於福州

民國卅九年，廖駿業先生任臺北縣海山分局分局長離職前留影

廖駿業先生夫婦與四位子女合影於臺北，長女雲翘陷福州岳家，未克合影。
（上圖為民國四十七年，下圖為民國五十五年）

民國五十年，廖駿業先生與杜聿涵女士合影於臺北

民國六十年，廖駿業先生與杜聿涵女士合影於臺北榮星花園

民國六十五年，廖駿業先生與杜聿涵女士合影於臺北

民國六十九年，廖駿業先生與杜聿涵女士合影於臺北

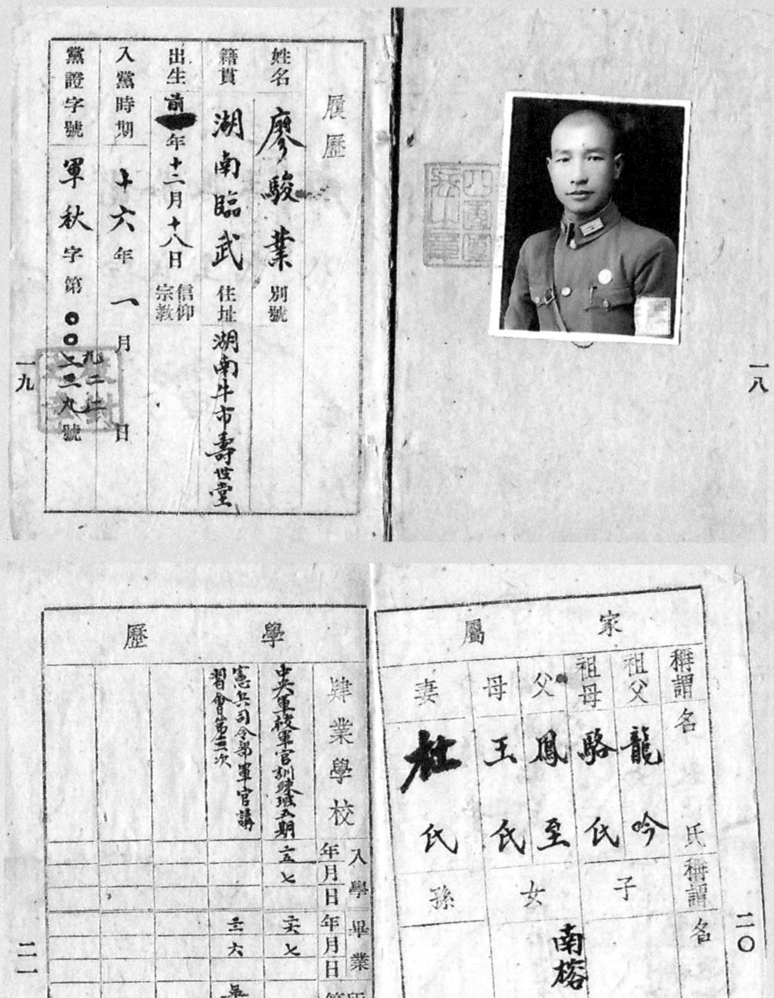

履歷

姓名	廖駿業
別號	
籍貫	湖南臨武
住址	湖南牛市壽世堂
出生	前[redacted]年十二月十八日
信仰宗教	
入黨時期	十六年一月　日
黨證字號	軍秋字第○○七三九號（九二）

一九

一八

學歷

肄業學校	入學年月日	畢業年月日	所隸長官簽名蓋章
中央軍校軍官訓練班五期	二五　七	二六　七	
憲兵司令部軍官講習會第二次		三　六	吳天鶴

二一

家屬

稱謂	名	氏	稱謂	名	氏
祖父	龍吟		子		
祖母	駱	氏	女	南榕	
父	鳳至		孫		
母	王	氏			
妻	杜	氏			

二〇

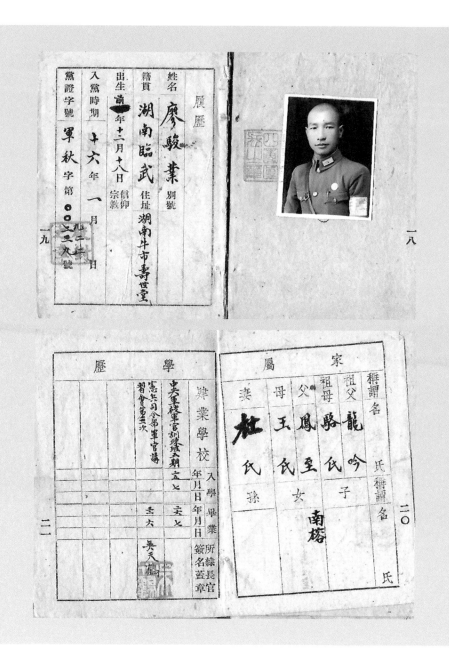

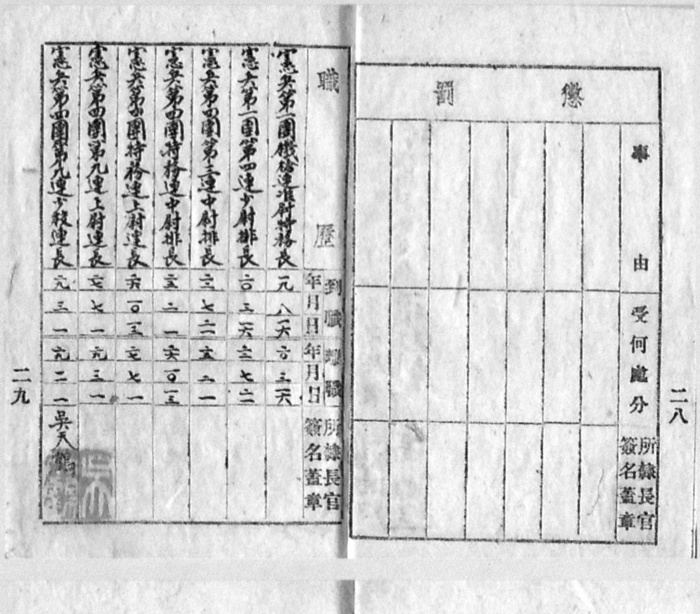

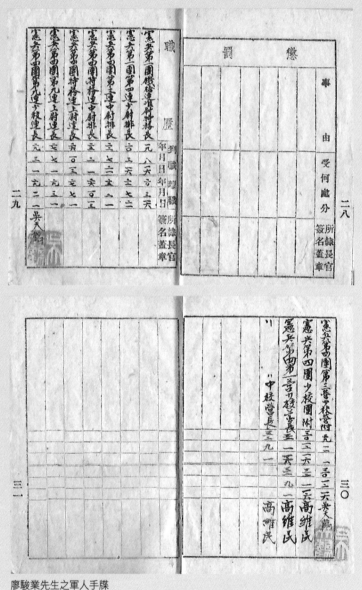

廖駿業先生之軍人手牒

武陵碧玉屏青絲秀
蜀郡如積海聲禮樂詩
史傳英華忠勤芳厚
振家聲

丙辰武故里攜搏陵子孫念

廖滋業書 戊午於台北

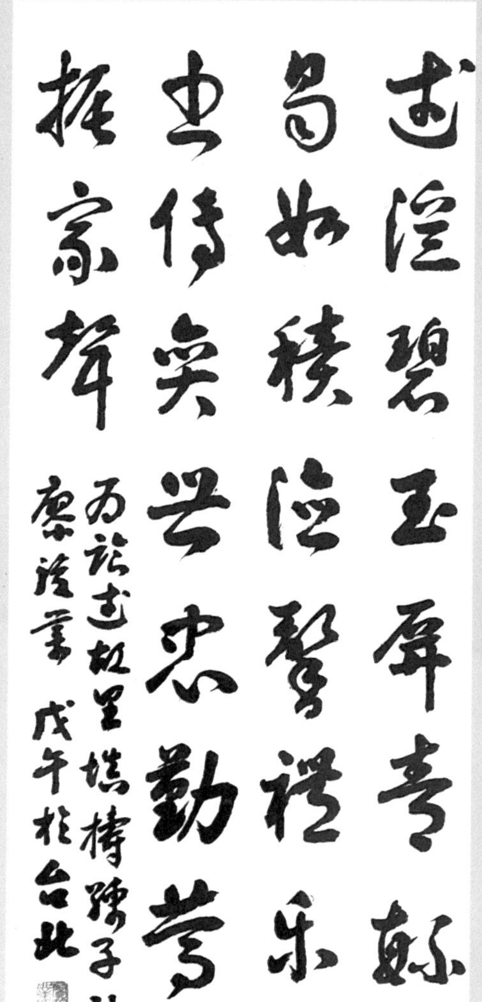

廖駿業先生之遺墨

目次

序言

我是二〇一六年退休的，孩子已大，各有他們的天下，我閒著無事，與友人相約回到闊別多年的臺灣，參加老同學的姐姐、姐夫在臺東主持的巡迴兒童義工服務。在東臺灣漫漫的車程中，友人提到了二二八、提到臺北有個國立紀念館，想到父親二二八時是位憲兵營長，駐防臺南，是這歷史的一部分，回臺北後我特地走訪了這個在南海路植物園斜對面的紀念館。偌大的館內看不盡的是臺籍青年受難者的照片與他們不幸遭遇的陳述，站在這無比肅殺與悲哀的展館中，我錯愕地想，這是二二八全面的真相嗎？小時候曾聽過父親二二八時在臺南救過一些人，這部分的歷史去了哪裡？

帶著這個疑問，我回到了洛杉磯年邁的母親身邊，在她的舊物中我找到了父親多年前為協助編纂憲兵史所留下的一份手稿。這份稿子我曾聽姊姊說過，但還是第一次見到。在短短的卅多頁中，我讀到了父親二二八時在臺南從動亂開始到結束，前後幾天所經歷的事情，我驚訝地知道事件當時臺南情況的緊繃，也才瞭解到臺南在遭到波及後，「不擴大、少流血」，讓事件盡可能和平結束，這一路走來的不易。在舉世滔滔的今天，我與家人們覺得父親這段塵封往事有值得重溫的價值。因為在他娓娓的敘述中，我們看到一位中級軍官本著良知，和臺南士紳合作，與政府援軍溝通，讓事件在臺南盡可能的平靜落幕；我們看到一群立場不同的人，他們秉持良知，凝聚善

念（以眾生為念），求同存異，得到善果的故事。在他們的努力之下，冤情少有發生，冤冤相報的桎梏沒有落在後人身上，他們的事蹟值得我們後人知道、效法。

父親與臺灣結緣說來是有些偶然的，民國卅四年（一九四五）八月日軍投降，父親時任駐防福建的憲兵第四團第一營營長，憲四團以地緣之故，奉命接收臺灣，原定派遣赴臺的第三營營長失言，團長高維民臨時改派原定留駐福建的第一營赴臺，父親因此在同年十月率部渡海，抵達了臺灣，以臺南市為營本部所在，負責縱貫鐵路沿線秩序維護、南部及東部地區（包括嘉義、臺南、高雄、屏東、蘇澳、花蓮、臺東）戰俘遣返、日軍物資接收、國軍軍紀糾察、與警察維安協助。那年父親四十歲。

我們對父親在臺南的生活所知不多，但小時聽過父親撥軍糧支援缺糧的臺南監獄，讓繫獄的人免於飢餓，父老感念此事，將憲兵隊前的街道改名為「衛民街」。小時也聽過二二八時，有位父親的民間友人將父親寫的密函藏在他穿的日式叉腳鞋內帶出營區（母親回憶這位張姓友人在父親過世後，遠從南部來臺北，在公祭時下跪悼念父親，他們友誼的厚重可見一斑）。父親不諳閩南語，我們問母親，這有造成溝通上的問題嗎？母親說應該沒有，她說那時不少地方士紳會說普通話，憲四團又是從福建調過來的，許多士兵是福建籍，通曉閩南語，父親屬下還有好幾位士兵是東南亞華僑子弟，通曉閩南語、日語、英語，父親若需要傳譯不是困難。

我們現在回頭看，父親與臺南地方父老之間互動應是愉快的，這平時建立起來的感情應該是他在二二八時能與溫和派士紳取得共識、攜手合作的重要關鍵。手稿寫到有一天十幾位參議員來營，要求父親停止巡邏並交出營區內所收容的外省人士，父親堅拒，會談幾近破裂，最後父親聲

淚俱下，數位參議員受感動也唏噓落淚，答應回去勸導青年學生，要他們不要衝動莽進，又隨後送來白米與鮮蘿蔔致意。手稿也寫到，參議員後來兩度來營，先是請父親協助，與已避居城外守軍處的市長見面，達成事件處理原則協議，後來又來營商談恢復市面秩序問題，接受了父親的建議，由徒手憲兵二十多名，每名偕同一位參議員為一組，併肩步行全市各街巷，逢人宣導，不到兩小時，臺南市面秩序就開始恢復了，營區內收容的外省人士也在第二天市長與參議員一同向市民廣播，市面恢復平靜後，陸續離營返家。

父親收容外省人士，暫居憲兵營區是有實際需要的。二二八事件從單純的取締私煙演變成民變，並迅速遍及全島，那時大陸來臺的除軍人外，還有很多公務人員與教師，他們手無寸鐵，成為激進民眾毆打、傷害的對象（我的公公婆婆那時在嘉義女中任教，有人提著武士刀到學校抓外省人，幸有學生大叫「他們是老師」，才得免受傷害，但仍被集中拘留，以飯糰沾鹽巴渡日，到政府軍抵達才獲釋）。父親應該是預先有想到這個可能，所以在事起第二天就與南市軍警首長達成協議，保護、收容大陸來臺人士。手稿寫到那時來營區「避難」的先後約有兩百人左右，包括協助接收的行政官員，如市長、警察局長、地方法院院長、地檢處首席檢察官，及部分警察、鹽務總局與其他機構的職員和眷屬。

我們現在回頭看，父親的「先見之明」與他幼年時遭遇到的家變應該是很有關係的。手稿中提到父親的母舅因響應孫中山先生二次革命討袁，在家鄉湖南臨武縣起義，殺知事（縣長）及其手下七十餘人，事敗逃亡，後被捕，遭湖南都督（省長）判殺，族戚三百多人受株連。家祖母為助弟弟逃亡，匆促典賣田產，家道中落。翌年，祖父病逝，祖母被迫改嫁，父親與弟妹三人失怙

侍，依偏房曾祖母為生。我們覺得母舅慘案與二二八事件有雷同之處，父親的母舅現在看來是位二十多歲的熱血青年「激進份子」，他不分青紅皂白殺了七十餘位北洋政府人員，導致北洋政府也不分青紅皂白殺了他的族戚三百餘人。父親時年十歲，受此牽連，家道貧乏，無力升學，我們現在看來父親是「受難人家屬」。父親顯然深記著這個慘案的教訓，知道民變時，激進的民眾有可能遷怒、動手加害政府首長及員工，所以父親在亂起之初就力勸市長暫宿營部，並陸續收容大陸來臺人士，致二二八期間南市的外省人除二十餘位遭到毆打外，並無其他傷亡。

母舅的慘案也讓父親知道政府在鎮壓民變時有可能會報復、殺害無辜平民，所以在幾天後政府援軍抵達時，父親親自出城迎接，面告援軍指揮官臺南市面秩序已恢復，請他們以「和平態勢」進入市區。兩位指揮官，一位同意，一位大不以為然，主張以「攻擊前進」。父親以臺南已恢復平靜，力陳利害，並以生命擔保，援軍才同意依父親主張，由憲兵前導，和平入城，避免了不必要的傷亡。

與全島各地相比，臺南在二二八事件中算是情形緩和的一個地區，但從父親的手稿中我們可以看出臺南當時其實是暗流洶湧，事件能平靜落幕是天佑、是一群立場有別的人合作起來的結果，這群人包括手稿中提到的參議員許丙丁、陳天順，援軍指揮楊俊，還有手稿中沒有特別寫出名字的人士。父親有緣在促成這場合作上盡到心力，但能讓事件平靜落幕實在是天佑、是眾人同心的結果。說到「天佑」，一個很好的例子是拒馬的安置。手稿提到父親責令屬下趕工完成大批拒馬，在拒馬安置好不到一小時，逾千民眾分三路向憲兵營快速集結而來，其中至少有一路是攜帶著武器的。設若當時拒馬沒有安置好，民眾衝入了營區，格鬥恐怕難免，事件和平落幕的希望可能也就沒有了。

二二八發生在民國卅六年（一九四七），民眾因對政府不滿而走上街頭，政府採取武力應對，造成平民大量傷亡，這固然是政府嚴重的錯失，但政府那時為什麼要調派軍隊來臺鎮壓呢？我們現在回頭看，事件當時部分民眾過於激進是重要原因，他們搶奪軍警槍枝彈藥，與守軍發生武裝衝突（譬如臺中、嘉義），且民眾中混雜有共黨份子（譬如臺中謝雪紅），這讓正為國共內戰焦頭爛額的政府認定事件有叛國及奪取政權的陰謀，所以選擇使用武力，調兵來臺。換句話說，政府選擇以暴止暴，這不幸的決定後來在心存私念的各方派系角力下，演變成濫捕濫殺，深化了冤冤相報，以致二二八的悲情在七十多年後的今天仍舊未能昇華。

往者已矣，未來不可知，但世間事其實多是互為因果的，我們在無法預知未來的情況下，只有秉承為善的信念，低頭做我們該做的事，諸如將父親這段湮沒的往事保存下來，為後人留下一個和平的見證，讓後人看到秉持良知、凝聚善念、求同存異的重要，因而心生效法，共創臺灣未來。

父親的手稿以職業軍人的角度著筆，他的遣詞用字有其時空背景，未必盡合當今語彙，尚祈讀者體會瞭解。此外，父親逃難來臺，孑然一身，除了重要身分證件及簡單衣物，什麼都沒帶，手稿全憑記憶寫於事件後十七年，錯漏難免，也祈讀者見諒。

本書的出版承蒙友人轉介史丹佛大學胡佛檔案館林孝庭博士，再由林博士轉薦喆閎人文工作室楊善堯教授、歷史作家廖彥博先生及中央研究院近代史研究所蘇聖雄教授，對此因緣我們有無盡的感恩與謝意，謹此為記。

家屬代表廖雲門於美國加州旅次

二〇二〇年九月

序言

本書是二二八事件時，駐防臺南市的憲兵第四團第一營營長廖駿業中校所撰寫的親歷回憶。

作者廖駿業先生，湖南臨武縣人氏，十歲喪父，家道中落，然而勤奮力學，於小學擔任教員。民國十五（一九二六）年冬，廖氏因受國民革命風潮鼓舞，前往廣州投身國民革命軍總司令部憲兵團，此後由二等兵做起，勤奮吃苦，意志堅定，屢歷戰陣，先後參與北伐、抗戰諸役，至勝利後，受訓積功，升為中校營長，奉命率部調往臺灣，駐防臺南，因而親歷二二八事件。民國三十七（一九四八）年，調升憲兵十三團副團長，離開服務二十一年的憲四團，前往雲南昆明服務，隔年四月，以身體久病不癒，離開滇省，七月請長假歸湖南故里，本擬略作休養，然大陸變色，縣城陷共，於是倉促離鄉，於兵荒馬亂之中，選擇再度來臺。廖氏來臺後，短暫服務於警界，曾任臺北縣警察局海山分局分局長，之後承駐防臺南時臺籍舊識之助，受聘臺灣省總工會，服務二十餘年，以迄退休。民國六十九（一九八〇）年七月，廖氏病逝於臺北，享年七十五歲。

臺南二二八事件平息後，廖駿業先生曾撰萬餘字報告呈交團部，對於事態發生、應對措施留有深刻記憶。因此在事隔十多年後（一九六三），為配合憲兵司令部編纂憲兵史時，廖氏仍能夠鉅細靡遺寫下二二八事件時的親身經歷。

由於廖駿業先生在二二八事件發生時，為臺南市國軍部隊指揮官，因此在事件爆發後，迅即

成為各方交涉接洽之輻軸，實際處在風暴之中心，參與各關鍵場面。再者，作者為憲兵營長，因此本書亦不同於此前地方仕紳、市府官員所撰回憶文字，使吾人得以從軍事角度，呈現完全不同的觀察面向。本書的史料價值甚高，對於臺南於二二八事件初期的情況，起到闕疑補漏的作用。

按照作者描述，憲四團第一營下轄三個憲兵連，第一連駐高雄市（分兵一排駐屏東），第二連駐花蓮縣（分兵一排駐蘇澳），因此實際上隨營部駐臺南的，僅有第三連而已。而第三連缺額嚴重，全連僅有官兵不到九十人，尚須分兵一排駐守嘉義縣。事件發生時，更逢團部成立軍士隊，抽調優秀士兵四十餘人到臺北受訓，是以只有士兵四十二名，可用兵力至為不足。裝備方面，僅有機槍三挺，德製、日製駁殼手槍數十把，全無交通工具。

廖氏平日對市井民情多所留意，在二月二十八日、臺北事件爆發當日，他即敏銳感覺「民間早對政府和國軍嘖有煩言」，若臺北騷動消息傳至，臺南民眾因細故而遭激怒，一旦遭人利用，後果不堪設想，因此立刻邀集軍警首長到營部開會，詳商應變措施，預先推定動亂擴大時負責全盤局面之臨時指揮官，並及時加強營區防禦工事等。

隔日傍晚，市長卓高煊邀廖氏到寓所商談，廖即警覺庭院樹叢間有人窺伺。這時作者猛然憶起家鄉臨武一場慘禍：民國三年，廖氏之母舅王本斋響應倒袁（世凱）號召發難，率眾殺北洋政府委任之縣知事（即縣長）以下七十餘人，事後北洋軍隊報復，亦殺害王等三百餘人。為了避免臺南上演此等冤冤相報的慘禍，廖立刻採取應變作為，勸市長、主任秘書等人至憲兵營區暫避。

風暴迅即掩至。事件第二日深夜，廖氏應市參議會邀請，隨市長前往參加緊急會議。到場後，知市府同意與參議會合組「臺南市治安維持會」，擬以作者出任該會糾察組組長，警局局長

陳懷讓副之，並提出停止外出巡邏、遇事憲兵不得開槍等要求。廖當即起立發言，表示所謂「維持會」名稱係抗戰期間日本人在華成立之基層偽機構，不可使用，且前一日憲兵已與軍警首長舉行會議，推定高雄要塞第三總臺項克恭上校擔任指揮官，至於停止巡邏，決不可行；憲兵兵力屬於機密，此刻無可奉告。語畢，會場中議論紛紛，有參議員提請兼蔬菜市場之同僚，調查憲兵採買副食情形，從而推知實際人數。正於此時，警察局長接獲報告：派出所槍械多有遭搶奪者，廖氏知道情況暗潮洶湧，乃輕扯市長衣袖，悄然退出市參議會，兩人見來時搭乘之警局公務汽車已不見蹤影，路面暗淡無燈光，市長卓高煊本欲投警局派出所暫避，但作者告訴市長，警力不可恃，遂以手槍上膛，保護市長，二人步行返回營區。當時氣氛之緊張、官紳間互信之薄弱，俱見於文字。

據本書所載，事件爆發後第三日，廖氏命憲兵四名保護市長返回市府辦公，同時令排長王文甫率部以軍車巡邏市區。王排長車巡至半途，遭遇一輛貨車，載有自臺南監獄劫來之槍械數枝，貨車上原本之「流氓」見憲兵攔查，遂棄車逃跑一空，王排長便連槍帶車，拖回營區。

這是一段至為關鍵的描述，能夠蠡測臺南監獄遭到攻劫一事的細節與動機。臺南監獄即第三監獄，日本時代稱臺南刑務所。根據閩臺監察使楊亮功事後報告，監獄係於三月四日下午被劫。[1]劫獄行動，似乎不是偶然；劫獄之主要目的，並非為了搶奪槍械彈藥，按當時監獄守衛所配發槍械，僅日本三八式步槍十餘隻、五連發手槍兩把；[2]若謂劫獄為救出人犯，則衡諸當時之背景，更令人感到不解，按國民政府為慶祝行憲，於民國三十六（一九四七）年元旦頒布大赦減刑令，除戰爭罪、漢奸罪、貪污罪、殺害直系血親尊親屬罪、販毒罪之外，所有發生在去

（一九四六）年十二月三十一日以前，最重本刑在有期徒刑以下之犯罪，一律赦免。[3]二月初，第三監獄舉行赦典，釋放一千二百名受刑人當中的一千餘名。[4]因此至三月四日當天，第三監獄所繫人犯，應為二月時受拘留關押在此者。

其中，原臺南市政府財政科長黃離，刻正因為涉嫌貪瀆而被市長卓高煊下令拘押於此候查。黃某涉嫌在承辦本市機船出租時，塗改租約，而所承辦之船隻，俱都涉及走私，且明知機船違令出海而隱匿不報，故被市長認為「瀆職舞弊，罪嫌重大」，於二月二十一日將其停職收押，移送臺南地方法院偵辦。黃離承辦之出租船隻，船東多人為臺南市參議員，故此案很可能會牽扯出當時臺南政界人士涉及走私之重大案件。黃某收押後數日，二二八事件發生，三月四日第三監獄遭劫，隔日黃某竟然出現在臺南市政府，若無事然。或許前述王排長攔查並拖回的那輛貨車，黃某便在搭乘者之列，其間草蛇灰線之處，值得讀者深思。[5]

據廖氏記載：由於不斷傳出外省人遭毆打消息，當日下午有許多外省人員及眷屬投奔營區，不久，突然見到學生、市民、流氓組成之大隊人群，向憲兵隊三面衝來，作者處在此危難關頭，立刻大呼所部分三路拒止，並厲聲喝令群眾立刻停止，否則機槍掃射，格殺勿論。之後，准許民眾、學生推派代表進入營區，據悉其要求是「地方治安由大學生武裝維持，請貴營勿派兵巡邏，請借槍枝武裝大學生」。廖氏當即予以峻拒，當面諭知群眾：「諸位須知兵凶戰危，如欲強奪，待全營官兵戰死後可來收拾。」群眾見守軍有備，於是退去，廖氏以其堅定態度，避免了一場一觸即發的大型流血衝突。

事件發生後第四日，廖氏單槍匹馬前往市參議會，期能緩和局勢，到後見會場群情洶洶，

臨時講臺上，有恨恨操臺語演說者，也有以日語爭先恐後發表意見者，廖從國語翻譯得悉，講者指斥政府無能，青年失業，糧食缺乏，憲兵捕人，準備搜查營區云云。作者經向所屬查證，對會眾解釋憲兵並無逮捕民眾，實為清晨兩名師範學校學生入城時遭流氓毆擊，為駐軍救回，他願意前往駐軍營區，負責領回。正準備登車前往時，日後被認為遭政府「含冤」處死的律師湯德章，「率領大批從徒，手執各種旗幟，一揮登車，將車擠滿致無法開動」，廖氏乃委婉勸說，如此大批人馬浩浩蕩蕩前往駐軍營區，必定引起誤會，必須減少人數、偃旗息鼓，方可成行。湯等同意照辦，於是廖氏坐前座，以軍車接兩名受傷學生到參議會，向眾人澄清經過，一場風暴遂消弭於無形。

當日下午，十餘位市參議員來營區，提出種種要求，包括要廖氏將避難於此的外省人員暨眷屬全部交出，不准再行收容，不許憲兵再派車巡邏等，當即為廖拒絕。作者對來客慷慨陳詞，說他與營附郎文光少校均身經百戰，決不為威屈，如欲以武力脅迫，則戰死而後已，但二十萬市民、數百名外省人員暨眷屬何辜？至此廖痛心疾首，聲淚俱下，而許丙丁等參議員聞言也唏噓落淚。這應是廖氏承受壓力最大的一刻，之後臺南本省政界人士態度即告和緩。

廖氏一面加強戰備，一面嚴正勸告若干參議員勿輕舉妄動，以免徒留來日禍根。如市參議員韓石泉曾請見，表示當前局面，只有另一位參議員侯全成方能收拾，請廖支持侯任市長，廖對韓曉以利害，並寫「明哲保身」四字相勸。韓雖唯唯而退，但據作者描述，韓、侯等人當夜活動更烈。

此時外界謠諑紛傳，嘉義和高雄戰事未止，廖氏所部士氣高昂，請命出擊，但作者始終鎮定，勉勵部屬，臺灣同胞，情同手足，如非遭受攻擊，決不開第一槍。當高雄要塞及整編第二十一師援兵抵達，準備攻擊前進入城時，廖氏力持不可，他認為臺南市面已恢復秩序，若攻擊入城，不分良莠，市民死傷必慘，向援軍指揮官爭取和平入城，更慨然願以憲兵為先導，若遇襲，願為償命，終獲同意。

臺南市於事件前期，僅有誤斃二人、拒捕遭擊斃一人，軍民被毆受傷者二十四人，廖駿業先生時任憲兵營長，鎮靜應對，制止衝突，實有功焉。綜觀廖氏所撰親歷二二八事件之回憶，情節描述詳實，行文簡樸典雅，數十年後拜讀，仍如見其肺腑，忠悃之情，見於文字，尤其廖氏身為事件時之憲兵指揮官，作為二二八事件初期臺南市情況之「另一種觀點」，更富史料價值與意義。

歷史作家
廖彥博

1 中央研究院近代史研究所（編），〈大溪檔案〉，《二二八事件資料選輯（二）》（臺北：編者，一九九二年），頁二八九。

2 〈據臺灣第三監獄呈賚槍械彈藥表乞轉請核准編號並發給槍照等情電請賜予辦理〉（一九四六年六月十三日），《自衛槍枝執照申請核發案》，檔案管理局藏，檔號：B5018230601/0034/563.2/2600/1/024。

3 「國民政府令」（一九四六年十二月三十一日），〈大赦（一）〉，《國民政府》，國史館藏，典藏號：001-101421-00001-028。

4 〈臺南之臺灣第三監獄，昨開始大赦囚獄，總數計共一千零五人〉，《民報》，一九四七年二月三日。

5 「臺南市政府財政科科長黃離案」（一九四七年二月二十二日），〈臺南市政府人員任免〉，《臺灣省行政長官公署檔案》，國史館臺灣文獻館藏，典藏號：00303231182010。

導讀

這是一本在二二八事件中，一位職業軍人的回憶錄。

撰主廖駿業，出生於湖南臨武，家境足以溫飽，九歲經歷家變，母舅參加孫中山號召的二次革命，欲推倒袁世凱專制，殺縣知事及其手下七十餘人，事敗後母舅遭湖南都督湯薌銘殺害，株連族人三百餘人，這個慘案對其造成相當大的影響，養成他悲天憫人的性格，為他日後在二二八事件中力主和平埋下伏筆[1]。

十歲喪父，家道中落，二十歲以家計困難，任小學教職，歷時兩載，因心嚮革命，於民國十五年（一九二六）冬赴廣州投身國民革命軍總司令部憲兵團，充當二等兵，隨軍北伐，受長官賞識，進入憲兵軍士教導隊受訓，訓期結束升為中士班長。復因迭有表現，拔為少尉排長，經過歷練、受訓學習，遞升至中校營長，抗戰勝利後率全營附第五連赴臺灣，負責接收日本憲兵部隊。

廖駿業任職的憲兵，經國民政府於民國廿一年（一九三二）一月頒布「憲兵令」，兼具軍事警察、行政警察、司法警察之任務[2]，其業務之一為情報工作與犯罪偵查之規劃、督導及執行。爾後不斷擴充，成立憲兵學校，抗戰勝利後已擴充至二十四個團，張鎮任憲兵司令[3]。

卅六年（一九四七）二二八事件爆發時，營防區為嘉義以南及蘇澳、花蓮、臺東等地，營部

位置在臺南市，四十二歲的廖駿業因此親歷臺南二二八事件。

本書的回憶錄，原稱「臺灣『二二八』事變憲兵第四團第一營處理經過」，是廖駿業為配合憲兵司令部編纂憲兵史，就記憶所及，提供二二八事件時的資料，於民國五十二年（一九六三）八月撰成。先是，二二八事件在臺南平息後，廖曾撰手稿長達萬餘字報告團部，因此事隔十七年，廖記憶猶新，得以在日後將這段歷史重新回憶誌下。相對於憲兵負面的形象，這部資料呈現了相當不同的圖景。

書中描繪廖駿業對二二八事件的應對，也呈現他對事件因果的認識。先就後者來說，現今主流說法，是國民政府施政不當，以取締私菸為導火線，抗爭行動迅速擴及全島。廖駿業也感到民間早對政府與國軍嘖有煩言，對此氛圍頗有所感，他以為日人統治五十一年，若干接受日人教育培植者，對其懷念頗深，內心恆以中國政府一切制度皆不及日人，政令朝三暮四，官吏貪墨，上下其手，派系傾軋，人事混亂，而國軍亦紀律不嚴，裝備不善，生活習慣不佳。此一氛圍廣及，臺人每遇困擾，不分公私，輒謂：「被光復害慘」、「被祖國害慘」、「國民黨政府敗極」，有參議員公然於會議嘲諷中山裝所以有四個口袋，是為裝鈔票而設。

廖點出臺人對政府的負面感受，可以理解民眾為何抗爭，不過他特別警覺這個情勢一旦為人所利用，危險堪虞，這影響他的應對；另一影響其應對措置更為關鍵者，是其長期擔任憲兵，親身經歷多次戰爭，因此對備戰、應戰頗有警覺。

民國卅六年（一九四七）二月廿八日傍晚，廖駿業接到臺北發生民眾騷動的情報，晚間又獲報臺南某戲院發生士兵在戲院，因無座位與觀眾衝突，這時廖已「落葉知秋」，防範未然，打電

話通知各駐軍首長，並疾書數函，分送附近駐軍長官邀集明日開會。次日會議召開[4]，高雄要塞司令部第三總臺長項克恭上校、高雄團管區參謀主任李蘊石中校、臺南市警察局長陳懷讓等齊集營部，在廖的辦公室座談，共同商決七點：一、駐郊區國軍儘量減少入城；二、各首長負責立飭所屬對市民儘量忍讓，避免刺激；三、如遇騷動，城內由廖與陳懷讓警察局長負責；四、憲警加強巡邏，確保人民生命財產，尤對大陸來臺人士就近保護，必要時均應收容；五、汽車排派車二輛來營備用；六、各部隊加強營房工事；七、推定項克恭為動亂擴大時負責全盤指揮之指揮官。

會後，廖積極備防，命令所屬第三連連長錢瑾立下軍令狀，加強構築營房工事，該連排長王文甫應聲立率士兵拔倒因颱風吹毀之馬廄木料，復取日軍遺庫之有刺鐵絲，連夜完成大批拒馬，分置於營門左右，側背圍牆內分置桌凳木箱，使能據牆射擊。如是布置，顯見廖雖知民變固有其合理原因，但判斷「北部流氓已紛紛南下鼓動」，對事變激化早有準備。

廖駿業在之後出席臺南參議會緊急會議時也相當機警，如警車停於參議會門口，廖囑司機掉頭等候，如有緊急，隨時開車。在參議會上，廖力陳軍方立場，對於部分士紳欲成立治安維持會提出抗議，認為這是日寇占據我國城市時利用漢奸所組設的偽機構，絕對不可採用。一些士紳尚提請憲兵停止巡邏，有事發生時憲兵不得開槍，廖對此明確反對，表示於此風雨之際，憲兵更應加強巡邏，若人民生命財產或憲兵本身受到危害，「當遵憲兵令第七條開槍，格殺勿論」，這番話語引起會場議論紛紛。

憲兵令是國家組織憲兵的基本法律，廖駿業提到的第七條是規定「憲兵執行職務時，非遇有左記情形之一者，不得使用武器」，這個情形有四項：一、受暴行而認有迫害之虞時；二、群眾

暴動非用武器不能鎮壓時；三、因防衛駐守之土地屋宇或人之生命財產迫不得已非用武器不能抵抗時；四、對於要犯逃走非用武器不能制止時[5]。因此，法律規定廖遭亂確可開槍，但並沒有授予他「格殺勿論」的權力。暫不論廖解讀憲兵令的是非，其如此表述，一來顯示其以作為軍事長官的立場，對於民間要求堅守軍方原則；一來顯示其久經戰亂，面對所認為的叛亂分子威脅時果斷開槍，並不是個困難的決定。

後來廖駿業得到的訊息，是警察總局及各派出所被流氓包圍，武器已被奪去，有參議員正分在中學、大學煽惑學生，要求參加打倒「豬玀政府的革命行列」，一些政府官吏已遭拳腳相向，流血逃回，廖所在的憲兵營區也在拒馬剛安置好不到一小時就遭到逾千民眾分三路衝來，部分民眾甚至持有武器。看來廖的設想已成真實，民變不僅為和平請願，已成反政府甚至叛國的階段。其於是積極強化工事，設置電流鐵絲網，穿牆壁為射擊孔，同時收容難民，包括警員。由於部分警察投入民變陣營，廖請陳警察局長轉命所屬，須絕對服從，「苟有抗命私通叛逆者，余必先斬後奏」。

時至三月初，情勢詭譎，廖駿業雖然堅持軍方原則，但仍然與參議員溝通，期能緩和局勢。有一次參議員十餘人來營會見，要求廖將收容大陸職員暨眷屬掃數交出，歸他們處置，不許再予收容，且不可派車巡邏。廖堅決拒絕，最後憤慨地請他們回去，從速指揮所編組之武裝部隊來攻，申言他：「身經大小數十戰，余之官兵絕不為威屈，所惜數百手無寸鐵之公教婦孺何辜，二十餘萬市民生命財產將成灰燼」，言及此廖聲淚俱下，若干參議員亦唏噓落淚，同意回去勸阻學生，要他們不要莽進。

爾後廖應參議員之請，安排他們與已遷避城郊守軍處的市長會面，達成事件處理協議，接著參議員又接受廖建議，由議員與徒手憲兵組隊，上街宣導，表面秩序開始恢復，在第二天市長與議員一同進電臺向市民廣播後，南市市面回復平靜。但緊隣南市之嘉義戰事激烈，高雄地區正囂塵上，而南市地方派別各有主張，廖依跡象判斷叛徒仍妄圖武力解決，他也聽到很多傳言，如有叛徒於他縣市到處殺人，雖婦孺亦不能免，並有以人頭置馬路中示眾者；有蔣渭川者自稱總統，王添灯自封外交部長，迭向美國領事請願支持成立臺灣人民共和國；有主張以三民主義青年團為基幹，徵集前日軍退伍軍人及全市壯丁組成敢死隊，首先摧毀廖營，次及郊區國軍，澈底解決。

有鑑於敵對民眾已擁有大量武器，估計機槍、步槍、手槍有三百枝，還有獵槍與武士刀，且傳言中的攻擊信號如鑼聲、手搖警報器聲時有出現，有官兵建議廖駿業下令出擊，廖表示應沉著應付，如被攻擊，立命出擊，但「絕不作第一槍導火線」。是時官兵士氣激昂，廖本可一戰，但他考慮「臺灣同胞，兄弟手足，不應鬩牆，徒供日寇匪共竊笑，使政府增憂」，故決定靜定以待。

後來，高雄要塞兼南部防守司令彭孟緝派楊俊上校，率警備大隊等部隊浩蕩北進，廖親迎於機場，報告臺南市情況，請楊上校以和平態勢占領市區，廖將負責搜捕叛徒，治以應得之罪，當楊上校首肯之際，而後續之第二十一師某陳營長已到，頗以廖言為不然，厲聲斥廖，質疑何為和平占領？為何不攻擊前進？國家養兵千日，用於一朝。經廖解釋利害，並願以性命擔保，陳營長始同意由憲兵領路和平入城。廖隨即派所部官兵包圍肇事中樞參議會，將在開會中之大部分參議員盡予逮捕，然後再與其他軍事長官開會商決釋放部分參議員，令收繳流氓、學生武器，將功抵罪，仍扣留之部分參議員，解地方法院看守所羈押，交法院審判，而憲警則繼續搜捕叛徒。

有一位名叫湯德彰者，被控暴亂中率徒眾劫奪警察總局庫存武器，為地方法院判處死刑槍決。其伏法後，有謂南市僅斃一人不足以震懾，廖答以南市情形特殊來緩解質疑，爾後其派員會同各方組軍事法庭於臺南地方法院辦公，判處臺南縣為首者黃媽典死刑，其他百餘人分別輕重，或釋或徒刑，亦有奉令移高雄、臺北審理者。

總計事件之中的臺南，誤斃二人，拒捕被斃一人，依法判死者南市、南縣各一人。至於廖營總計駐高雄第一連傷一人，第三連駐嘉義分排陣亡一人、失蹤一人，臺南營部傷二人。臺南全市總計，軍民被毆輕重傷為二十四人。從全臺灣來看，損失相對較輕，這不能說與廖慎重的態度無關。

同樣是憲四團，一些歷史記載呈現的是濫捕濫殺，而本書廖駿業營長的回憶，則呈現另一種相當不同的情形。同樣的軍事單位，可以有不同的歷史形象，這本是歷史的常態，橫看成嶺側成峰，遠近高低各不同，非黑即白的歷史敘事，往往只能呈現故事的一面，而忽略了更廣闊的全景。

考察二二八事件，可以從臺灣的角度，深化相關研究，這個取向有其必要，目前也已頗有成果，然而由於國民政府是承襲其大陸經驗治理臺灣，若忽略大陸的脈絡，則官方的許多舉措，較難有深入的理解，尤其應深入那個時代，如本書廖駿業的應對，不可忽視其數十年歷經戰亂的經驗；而其對民眾的保護，或也不脫其早年在湖南遭遇慘案的教訓。

擺脫一言堂，突顯更豐富的二二八事件，本書是很好的切入點，撰主在時代中的焦心思慮、勇氣膽識、舉動措置，躍於紙上，值得一讀。當然，回憶錄仍難免記憶錯漏、立場單一，這有待讀者細心研究，貼近真相。

中央研究院近代史研究所助研究員

蘇聖雄

1 鄭茹菁，〈走過二二八　遺愛饋慈濟〉，收錄於「慈濟」：https://reurl.cc/NrLe75（二〇二一年七月二十一日點閱）。

2 「憲兵令」（一九三二年八月二十日），〈憲兵組織法令案（一）〉，《國民政府》，國史館藏，典藏號：001-012071-00157-016。

3 戚厚杰、劉順發、王楠編著，《國民革命軍沿革實錄》（石家莊：河北人民出版社，二〇〇一年），頁三一三至三一四、三七一至三七二、六一二至六一三、五六七、八二二至八二三。

4 本書載二月二十九日開會，惟該年二月並無二十九日。或因回憶關係，書中所載時間，與實際多少有所誤差，讀者或可留意。

5 「憲兵令」（一九三二年八月二十日），〈憲兵組織法令案（一）〉，《國民政府》，國史館藏，典藏號：001-012071-00157-016。

手記／廖駿棠

台灣「二二八」事變憲兵第四團第一營處理經過　廖駿業

五十二年八月憶述

台灣於民國三十六年二月二十八日起，所突發之不愉快事件，後稱之為「二二八」事變，顧「事件」與「事變」一字之差，其輕重誠難以道里計，衡諸當時騷亂範圍之遍及全省，若干駐軍被繳械，機關工廠報社被劫收，威脅軍政長官移交，籌組偽軍，倡組偽政府，改國號為「台灣人民共和國」，妄制偽國旗，自封「總統」「外交部長」等偽職，迭向駐台美領交涉支持，逆跡昭彰，直以「事變」稱之，未為過也！

余於役憲兵第四團第一營，駐防台南市，兼台南地區憲兵隊職，躬逢其「盛」，茲因憲兵司令部編纂憲兵史，囑供此項資料，愧余樵魯無文，爰將事實經過就記憶所及，筆之以供參考：

1、

台灣「二二八」事變憲兵第四團第一營處理經過

廖駿業　五十二年八月憶述

台灣於民國三十六年二月二十八日起，所突發之不愉快事件，後稱之為「二二八」事變，傾「事件」與「事變」一字之差，其輕重誠難以道里計，衡諸當時騷亂範圍之遍及全省，若干駐軍被繳械，機關工廠報社被劫收，威脅軍政長官移交，籌組僞軍，倡組僞政府，改國號為「台灣人民共和國」，妄製僞國旗，自封「總統」「外交部長」等僞職，迭向駐台美領交涉支持，逆跡昭彰，直以「事變」稱之，未為過也！

余於役憲兵第四團第一營，駐防台南市，兼台南地區憲兵隊職，躬逢其盛，茲因憲兵司令部編纂憲兵史，囑供此項資料，愧余椎魯無文，爰就記憶所及，將事實經過筆之以備參考：

本營轄三個憲兵連，附通訊一排，第一連連長憲兵上尉許業嵩，駐高雄市，并分兵一排駐屏東，排長吳鐵雲，第二連連長憲兵上尉王輝，駐花蓮縣，并分兵一排駐蘇澳，排長孔志元，另一班駐台東縣，第三連連長憲兵上尉錢瑾，隨營駐台南市之衛民街，并分兵一排駐嘉義縣，排長李世榮，所附通訊排排長唐某（忘名）有手搖無線電台一組，電話兵數名，平時員兵已不足額，又逢團部成立軍士隊於台北，全營優秀士兵被選入軍士隊者四十餘名集訓未返，致防區兵力至薄，隨營服務之第三連，僅連長排長各一，士兵四十二名，裝備方面，各連為輕機槍三挺，餘為德製駁殼及日製手步槍，彈葯除機槍外，駁殼配彈百發，其他僅每槍六十發，交通工具全無。

【第一日】

二月二十八日傍晚，當余下班休息時，接第三連分駐台南火車站憲兵電話謂：「據第一連隨車服勤憲兵口述，渠等在台北行車途中，曾見市區若干處發生騷擾，

本營轄三個憲兵連，附通訊一排，第一連連長憲兵上尉許業嵩，駐高雄市，并分兵一排駐屏東，排長吳鐵雲，第二連連長憲兵上尉王輝，駐花蓮縣，并分兵一排駐蘇澳，排長孔志元，另一班駐台東縣，第三連連長憲兵上尉錢瑾，隨營駐台南市之衛民街，并分兵一排駐嘉義縣，排長李世榮，所附通訊排排長唐某（忘名）有手搖無線電台一組，電話兵數名，平時員兵已不足額，又逢團部成立軍士隊於台北，全營優秀士兵被選入軍士隊者四十餘名集訓未返，致防區兵力至薄，隨營服務之第三連僅連長排長各一，士兵四十二名，裝備方面，各連為輕機槍三挺，餘為德製駁殼及日製手步槍，彈藥除機槍外，駁殼配彈百發，其他僅每枪六十發，交通工具全無。

二月二十八日傍晚，當我下班休息時，接第三連分駐台南火車站憲兵電話謂：據第一連隨車服勤憲兵口述，渠等在台北行車途中，曾見市區若干處發生騷擾，

請轉報營長云。」晚七時許，接南市某戲院彈壓憲兵電話謂：「有某部士兵二名，因爭座位與觀眾衝突，刻已召至彈壓席安置；惟群眾憤怒未息，恐將發生事故……」余命第三連立派徒手憲兵四名趕往，并囑儘量避免觀眾刺激，將某部士兵帶隊，交營附憲兵少校郎文光問明候處。迨徒手憲兵回隊面報：「圍觀群眾憤激異常，渠等幸得三輪貨車之助，順利帶回。」余在沉思，民間早對政府與國軍嘖有煩言，台北騷動消息在前，南市因細故而遭激怒，一旦被人利用，危險堪虞，「葉落知秋」，本已居卸裝就寢之候，感責任攸關，為防範未然，躍起連打電話通知各駐軍首長，復虞電話不清不詳，隨即握管急書數函，分送駐南市「國民道場」之高雄要塞第三總台總台長砲兵上校項克恭，駐機場之整編廿一師連長某，（已忘記姓名，閩人，該連有一排分駐歸仁鄉）駐三分子之台南

請轉報營長云」。晚七時許，接南市某戲院彈壓憲兵電話謂：「有某部士兵二名，因爭座位與觀眾衝突，刻已負至彈壓席安置，惟群眾憤怒未息，恐將發生事故……」。余命第三連立派徒手憲兵四名赴往，並囑儘量避免觀衆刺激，將某部士兵帶隊，交營附憲兵少校郎文光問明候處。迨徒手憲兵回隊面報：「圍觀群眾憤激異常，渠等幸得三輪貨車之助，順利帶回」。余在沉思，民間早對政府與國軍嘖有煩言，台北騷動消息在前，南市因細故而遭激怒，一旦被人利用，危險堪虞，「葉落知秋」，本已屆卸裝就寢之候，感責任攸關，為防範未然，躍起逐打電話通知各駐軍首長，復虞電話不清不詳，隨即提筆急書數函，分送駐南市「國民道場」之高雄要塞第三總台總台長砲兵上校項堯萊，駐機場之整編廿一師連長某人（已忘記姓名，閩人，該連長有一排分駐歸仁鄉），駐三分子之台南

團管區司令黃連茹，汽車兵團何排長，（忘名，湘人）及市警察局陳局長懷讓等，請於明（廿九）晨八時來營座談。

【第二日】

次日（廿九日）清晨閱報，知台北市因煙酒專賣局稽查員取締私煙而引起騷動，八時正，項上校克恭，李中校主任參謀蘊石（黃司令公出）陳局長懷讓，廿一師上尉連長，汽車團何排長，憲兵錢連長等齊集本營部，即就余辦公室舉行座談會，共同商決要點為：「一、駐郊區國軍士兵無事儘量減少入城。二、各首長負責立飭所屬對市民儘量忍讓，避免刺激。三、如遇騷動，城內由余與陳局長負責處理。四、憲警加強巡邏，確保人民生命財產，尤對大陸來台人士，各部隊各警所均應就近保護，必要時均應收容。五、汽車排派車二輛來營備用。六、各部隊加強營房工事。七、推定動亂擴大時負責指揮全盤之指揮官一人。余當即推薦項上校克恭為動亂擴大

團管區司令黄連茹、及汽車兵團何排長、(忘名、湘人)及市警察局陳局長懷讓等，請於明(廿九)晨八時來營座談。

次日(廿九日)清晨閱報，知台北市因煙酒專賣局稽查員取締私煙而引起騷動，八時正，項上校堯葉、李中校主任參謀蘊石(黄司令公出)陳局長懷讓、廿師上尉連長，汽車團何排長，憲兵錢連長等齊集本營部，即就本辦公室舉行座談會，共同商決要點為：一、駐郊區國軍士兵無事盡量減少入城。二、各首長負責立飭所屬對市民盡量忍讓，避免刺激。三、如遇騷動，城內由本營與陳局長負責處理。四、憲警加強巡邏，確保人民生命財產，尤對大陸來台人士、各部隊各警所均應就近保護，必要時收容。五、汽車排派車二輛來營備用。六、各部隊加強營房工事。七、推定動亂擴大時負責指揮全盤之指揮官一人。本營即推薦項上校堯葉為動亂擴大

時之指揮官，經各出席首長同意後，散會。

會散以後，隨將昨夜帶隊之士兵二名交李中校蘊石帶回，派郎營附文光外出訪問地方士紳對台北突發事件一般反應如何？據回報：「見某某等面態霜寒，對此事咸諱莫如深。」午後檢知第三連對營房工事仍祇現成之兩只散兵坑，所囑加強加構迄未動工，因怒斥錢連長，命立下軍狀，如有疏失，定予嚴懲不貸。幸得該連排長憲兵中尉王文甫，幹練服從，應聲立率士兵拔倒因颱風吹毀之馬廐木料，取日軍遺庫之有刺鐵絲，連夜完成大批拒馬，分置於營門左右，側背圍牆內分置棹櫈木箱為踏躲，使能據牆射擊。

此時北部流氓已紛紛南下鼓動，南市參議員蔡丁贊等邀集若

3.

時之指揮官，經各出席首長同意後，散會。

會散以後，隨將昨夜帶隊之士兵二名交李中校蘊石帶回，派郎營附文光外出訪問地方士紳對台北突發事件一般反應如何？據回報云：見某某等面態霜寒，對此事咸諱莫如深。午後檢知第三連對營房工事仍祗現成之兩口散兵坑，所囑加強加構造未動工，因怒斥錢連長，命立下軍狀，如有疏失，定予嚴懲不貸。幸該連排長憲兵中尉王文甫，幹練服從，應声立率士兵拔倒因颱風吹毀之馬廄木料，取日軍遺庫之有刺鐵線，連夜完成大批拒馬，分置於營門左右，倒背圍牆內分置樟機木箱為踏躲，使能據牆射擊。

此時北部流說已紛紛南下鼓動，南市參議員蔡丁贊等邀集居

三

干參議員紳民領袖祕密召開「一中同學會」，下午七時許，市長卓高煊來電，請余至南門路其公館坐談，謂已派車來迎云，到則項克恭先至，（項住家處亦在南門路）當余與卓、項三人在客廳商談間，尋有台南師範張校長偕台南女中俞校長來訪，見面則稱庭院叢樹中有衣白上衣者二人，鬼鬼祟祟似在竊聽者然，余立即出槍奔出，查詢卓之司機亦稱有陌生人二名聞聲逸去，余懍於南市參議會某次會議中，參議員之對卓某情形（見后），復憶及民國三年余之家鄉—臨武，母舅王本齋發難故事，（按即第一次驅湯逆薌銘之役，殺知事孫某以下七十餘人，事敗後本縣捐人頭三百餘人。）當即力促卓市長暫避，將其眷屬由項上校車送其總台部保護，卓本人與主任秘書王維樑，即婉入本營部闢室安置，安置甫

千參議員、紳民領袖秘密召開「一中同學會」，下午七時許，市長卓高煊來電，請余至南門路其公館坐談，謂已派車來迎云，到則項克恭先至，（項住家府亦在南門路）嗣余與卓、項三人在客廳商談間，尋有台南師範張校長偕台南女中俞校長來訪，見面則稱庭院叢樹中有衣白上衣者二人，鬼鬼祟祟似在竊聽者然，余立即出槍奔出查，詢卓之司機亦稱有陌生人二名聞聲逸去，余懍於南市參議會某次會議中，參議員之對卓某情形（見后），復憶及民國三年余之家鄉—臨武，母舅王本齋發難故事，（按即秉政驅湯逆薌銘之役，殺知事孫某以下七十餘人，事敗後本縣捐人頭三百餘人）者即力促卓市長暫避，將其眷屬由項上校車送其總台部保護，卓本人與主任秘書王維樑，即婉入本營部關室安置，安置甫

定，迨已九時許，陳局長懷讓來營，謂：「參議會舉行緊急會議，全體參議員在會鵠候卓市長與廖營長參加」余在平時本有以來賓身分親往或派員前往參加者，於是三人乘警局車前往，車停參議會門首，囑司機掉頭等候，如有緊急，隨時開車，聯袂步入會議廳後，余與卓併肩坐下，見所有參議員濟濟一堂，正事討論成立「台南市治安維持會」之組織，詢余駐南市兵力若干，請余担任該會糾察組組長，陳懷讓副之，惟其任務則請廖營長不干預地方事件，請憲兵停止巡邏，有事發生時憲兵不得開槍云云，余當即以來賓身分要求發言，提出抗議：「一、治安維持會之名稱，為日冠佔據我國城市時利用漢奸所組設之偽機構，絕不可採用。二、今晨余已邀集各有關首長舉行會議，并已推定項總台長克恭担任指揮官，請余擔任糾察

定，迨已九時許，陳尚長懷讓來云，謂參議會舉行緊急會議，全體參議員在會鵠候卓市長與廖主任參加」。余在平時本有以來賓身份親往或派員前往參加者，於是三人乘警局車前往，車停參議會門首，囑司機掉頭等候，如有緊急，隨時開車，聯袂步入會議廳後，余與卓併肩坐下，見所有參議員濟濟一堂，正事討論成立「台南市治安維持會」之組織，詢余駐南市兵力若干，請余担任該會糾察組組長，陳懷讓副之，惟其任務則請廖營長不干預地方事件，請憲兵停止巡邏，有事發生時憲兵不得開槍云云，余當即以來賓身份要求發言，提出抗議云：一、治安維持會之名稱，為日寇佔據我國城市時利用漢奸所組設之偽機構，絕不可採用。二、今晨余已邀集各有關首長舉行會議，並已推定項總台長克恭担任指揮官，請余担任糾察

組長一節，礙難接受。三、當此風風雨雨之際，余應加強巡邏，若人民生命財產及憲兵本身不受危害，余之憲兵必不干涉，苟有危害，當遵憲兵令第七條開槍，格殺勿論。四、本營兵力，因涉軍事機密，未便奉告。」於是會場中議論紛紛，有提刪改命名者，有問項總台長是否即廣播電台台長者，有請以律師為業之參議員，釋述憲兵令內容者，有請以兼蔬菜市場之參議員，調查憲兵採辦副食情形，從而推知憲兵兵力者，適於此時，陳局長接某派出所警員電話，謂被流氓包圍，派出所武器已被奪去云，余因輕牽卓市長衣，急促其隨余離席，悄然出會場，詎為該會主任秘書莊茂林所睹，即呼謂：「卓市長廖營長已走！」余與卓均置未理，徐徐下樓，覓警局汽車已不見踪影，（陳懷讓仍在打電話中，並未下樓。）路上暗黑無光，卓欲避入警所，余告以警

組長一節，礙難接受。三、當此風風雨雨之際，余應加強巡邏，居人民生命財產及憲兵本身不受危害，余之憲兵必不干涉，蓋有危害，首遭憲兵令第七條開槍，格殺勿論。四、本憲兵力，因涉軍事機密，未便奉告」。於是會場中議論紛紛，有提刪改命名者，有問項總台長是否即廣播電台台長者，有請以律師為業之參議員，釋述憲兵令內容者，有請以菓蔬菜市場之參議員，調查憲兵採辦副食情形，從而推知憲兵兵力者，適於此時，陳局長接某派出所警員電話，謂被流氓包圍，派出所武器已被奪去云，余因輕牽卓市長衣，急促其隨余離席，悄然出會場，詎為該會主任秘書莊茂林所睹，即呼謂：「卓市長、廖議長已走！」余與卓均置未理，徐徐下樓，見警局汽車已不見蹤影，（陳懷讓仍在打電話中，並未下樓）路上暗黑無光，卓欲避入警所，余告以警

力不可恃，余有手槍，因出槍實彈為先導，請隨余通過圓環，立可到達安全地，乃偕卓返還營部。

少頃接陳局長電話，謂劫奪派出所武器者續有發生，且有若干本籍警員自動獻出武器者，余因請其將所有警力集中總局與一二分局掌握使用，余當派兵協助。渠謂甚多警員早已回家安寢，一時無法收集，請派兵停於圓環已足，當派王文甫率兵十餘名乘車前往，王停於圓環警所內，良久未見陳局長來洽，乃返，詎王文甫返營後，是夜警察武裝，除保安隊尚保有機槍乙艇，步槍十餘枝外，長短槍二百數十枝盡被奪去，（包括總局庫存械彈）未聞一鳴槍聲，亦未來電告急。

【第三日】

第三日（三月一日）黎明，令王文甫率兵車巡全市，招待卓等早粥後，八時派憲兵

力不可恃，余有手槍，因出槍实彈為先導，請隨余通过圓環，立可到達安全地，乃偕卓返總警部。

少頃接陳局長電話，謂劫奪派出所武器者續有發生，且有若干本籍警員自動獻出武器者，余因請其將所有警力集中總局與一二分局掌握使用，余當派兵協助。渠謂甚多警員早已回家安寢，一時無法收集，請派兵停於圓環已足，當派王文甫率兵十餘名乘車前往，王停於圓環警所內，良久未見陳局長來洽，乃返，詎王文甫返營後，是夜警察武裝，除保安隊尚保有機槍乙艇，步槍十餘枝外，長短槍二百數十枝已被奪去，（包括總局庫存械彈）未聞一鳴槍聲，亦未來電告急。

第三日（三月二日）黎明，令王文甫率兵車巡全市，款待卓等早餐後，八時派憲兵

五

四名隨護卓赴市府辦公，王文甫車巡途中，追及流氓所乘貨車一輛，上遺步槍數枝，蓋係劫自台南監獄而來者，流氓已紛逃一空，乃將該車連槍拖回，隨又出巡以去。

亡何，卓市長派車來營迎余赴市府，項上校亦到，商談應變事宜，此時若干參議員正分在各中大學校扇惑學生，要求參加打倒「豬玀政府的革命行列」。迨余等談畢辭出，剛至市府大門突遇一手提菜籃面目流血之市府工役，由外號哭奔入，而市府對面孔廟林地，則集結群眾頗多，知暴風雨已急遽突襲，返營則見王文甫於救回頭破血流之台南海關王主任後立又出巡，繼則有曾挨拳腳奪去手槍之廿一師營附某來營，本部雜兵二名赴市場買菜者被毆臉鼻流血逃回，卓市長偕憲兵四名繞道回營，民政科陳科長篤光、地方法院涂院長懷楷、地檢處首席

四名隨護卓赴市府办公，王文甫車巡途中，遇及流氓所乘货車一輛，上裝步槍數枝，蓋係劫自台南監獄而來者，流氓已紛逃一空，乃將該車連槍拖回，隨又出巡以去。

云何，卓市長派車來營迎余赴市府，碰上林市長到，商談治安事宜，此時若干參議員正分在台中大學校煽惑學生，要求參加打倒豬玀政府的革命行列，進余等談畢辭出，剛至市府大門，突遇一手提菜籃面目流血之市府工役，由外路哭奔入，而市府對面孔廟林地，刻集結群眾數多，知暴風雨已急劇突襲，返營則見王文甫於救回頭破血流之台南海關王主任後，立又出巡，繼則有曾挨拳腳奪去手槍之廿師營附某來營，本部新兵二名赴市場買菜者被毆臉鼻流血逃回，卓市長偕憲兵四名繞道回營，民政科陳科長篤光、地方法院涂院長懷楷、地檢處首席

檢察官陳樟生、鹽務總局以及其他機構職員攜妻挈子成群投營，市警保安隊員警携機槍乙艇，步槍十餘枝棄置營門道旁後自動離去，余聞報命副官鄒鏡泉偕雷任泰等檢收，項總台長派兵廿餘名乘卡車一輛由李宏中尉率領來營切取聯絡，談數語辭出，余與郎營附送之營門口，李中尉正登車前駛之際，突遇大隊人群三面衝來，衛民街北口由韓石泉為首，率参議員及其他紳民為一大隊，南口由李守典為首，率台南工學院及他校學生代表為一大隊，背面則由流氓群率領盈千青壯携槍持刀撲來，余當時並未分清領隊為誰，急大呼李中尉下車，就地散開專對北口，營門衛兵與預備班及鄒鏡泉雷任泰等就地散開專對南口，（按雷任泰君前任本營第一連排長，因事離職後，來營求職，此時乃命其操縱保安隊送來機槍。事後始發覺機槍早有故障，不能發射，當夜由王文甫拆解後試射尚可。）錢連長率

檢察官陳樟生、警務總局職員以及其他機構職員携妻挈子成群投營，市警保安隊員警携機槍乙艇、步槍十餘枝棄置營門道旁後自動離去，余開始命副官鄒鏡泉偕雷任泰等檢收，頃總台長張率廿餘名乘卡車一輛由李宏中尉率領來營切取聯絡，談數語辭出，余與郭營附送之營門口，正李中尉登車前發之際，突遇大隊人群三面衝來，衛民街北口由韓石泉為首，率參議員及其他紳民為一大隊，南口由李守典為首，率台南工學院及他校學生代表為一大隊，背面則由流氓群率領盈千青壯携槍持刀撲來，余當時並未分清領隊為誰，急大呼李中尉下車，就地散開專对北口，營門衛兵（些）預備班及鄒鏡泉雷任泰等就地散開專对南口，（按雷任泰君前任本營第一連排長，因事離職後，來營求職，此時乃令其操縱保安隊送來機槍，事後始發覺機槍早有故障，不能發射，當夜由王文甫拆解後試射尚可。）錢連長率

六

部專對側背，隨即厲聲叱令該等就地伏下，否則，機槍掃射，格殺毋論。於是，含蓄敵意之正面兩端人群拒止於拒馬前數十公尺跪下，背面流氓拒止於牆外百餘公尺不敢前撲，旋命參議員由韓石泉率領，學生限五名由領隊李守典率領，餘悉命退去後始移拒馬缺口引入，經詢來意，據韓、李等稱：「地方治安由大學生武裝維持，請貴營勿派兵巡邏，請借槍枝武裝大學生云。」余答：「地方治安憲警駐軍均應負責，學生不得武裝維持治安，若借一二槍枝作戲劇表演，例應由地方政府或正式機關學校備函，經報團核准後始可，本營官兵一人一槍，諸位須知兵兇戰危，如欲強奪，待全營官兵戰死後可來收拾。」此時接火車站憲兵電話告急，命其拒門窗死守，即可來援，該等知余有備，廢然退去，王文甫率車巡至火車站，投以煙幕罐二只，（日軍遺留品）車站憲兵圍解。

部眾对倒背，隨即厲声叱令該等就地伏下，否則，機槍掃射，格殺毋論。於是，含蓄敵意之正面人群兩端拒止於拒馬前數十公尺跪下，背面流氓拒止於牆外百餘公尺不敢前撲，旋命參議吳由錦石泉率領，學生限五名由領隊李守典率領，偕憲兵退去以姓移拒馬缺口引入，經詢來意，據韓、李等稱：「地方治安由大學生武裝維持，請憲兵勿派兵巡邏，請借槍枝武裝大學生云」。余答：「地方治安憲警駐軍均應負責，學生不得武裝維持治安，若借一二槍枝作戲劇表演，則應由地方政府或正式機關學校備函，經報團核准後始可，本營官兵一人一槍，諸位須知兵兇戰危，如欲強奪，待全營官兵戰死後可來收槍」。此時接大東站憲兵電話告急，命其拒門窗死守，即可手擲，該等知我有備，廢然退去，王文甫率車巡至大東站，投以煙幕罐二只，（日軍遺留品）東站憲兵團解。

此時本營收容內地職員及眷屬已約百餘，因駐在地為市內，易為叛徒所乘，為安全計，將汽車排所派卡車二輛，請卓市長、王主秘、涂院長、陳首席（并臨時將臥病中之許檢察官優棠運回送上卡車）陳科長及其他職員眷屬登上卡車擠滿二輛，派憲兵數名護送至「國民道場」項總台長處，項上校於收容此批「難民」後，即將卡車二輛扣留作該部使用，命護送憲兵自行徒步回營，時叛徒已佈崗於各街巷，不顧少數憲兵安全，護送憲兵來電請示，余心頗不懌，然為大局計，命該兵等取斥候隊形繞道回營，對項之此舉，默焉置之。

避亂來投之內地職員眷屬續有增加，內籍警員亦紛紛來投，且有曾被毆打鼻青臉腫者，本營原無車輛裝備，王排長所奪得貨車一輛，亦無油料，

此時本營收容內地職員及眷屬已約百餘，因駐在地為市內，易為叛徒所乘，為安全計，將汽車排所派卡車二輛，請卓市長、王主秘、涂院長、陳首席（并臨時將臥病中之許檢察官僅崇運回送上卡車）陳科長及其他職員眷屬登上卡車擠滿二輛，派憲兵數名護送至「國民道場」項總台長處，項上校於收容此批難民後，即將卡車二輛扣留作該部使用，命護送憲兵自行徒步回營，時叛徒已佈滿於各街巷，不顧少數憲兵安全，護送憲兵來電話示，余心頗不懌，然為大局計，命該兵等取斥候隊形繞道回營，對項之此舉，默為置之。

避亂來投之內地職員眷屬續有增加，內籍警員亦紛紛來投，且有遭被毆打鼻青臉腫者，本營原無車輛裝備，王排長所奪得貨車一輛，亦無油料，

七

無軍醫看護醫藥之設，粮彈俱缺，函請供應局台南倉庫支粮，以無該局所發三聯單而被拒，心殊焦急，嗣幸得鹽務局逃來職員稱，該局有道奇式卡車一輛，油料數桶無人管理，因派兵將車連油駛回利用，出巡時，上架輕機槍二艇，置沙袋作臂座，又得團管區李中校蘊石之助，借得步彈數箱，手榴彈百發，後又向機場地勤隊陳隊長金水借得輕機槍四艇，彈藥若干，余託友人張君代購紗布棉花紅藥水止痛錠鐵酒各事，并於傍晚送營，隨即急製綳帶包，於是官兵夫除人各一槍外，彈藥綳帶塞滿乾粮袋。

命通訊排移入營內架設，將火車站憲兵撤回連部，派兵佔領郵電局之電話總機室，祇准友軍通話，餘概停接。（事平撤回）命第一連及嘉義排與駐軍切取聯絡，期得支援。電告團部，并請對第二連直接指揮之。命全體官兵改食

無軍醫看護醫藥之設，糧彈俱缺，函請供應局台南倉庫支糧，以無該局所發三聯單而被拒，心殊焦急，爾幸得鹽務局北來聯絡員稱，該局有道奇式卡車一輛，油料數桶無人管理，因派兵將車連油駛回利用（出巡時，上架輕機槍二艇，並以沙袋作臂壘），又得團管區李中校蘊石之助，借得步彈數箱，手榴彈百發，後又向機場地勤隊陳隊長金水借得輕機槍四艇，彈藥若干，另託友人張君代購紗布棉花紅藥水止痛錠碘酒各事，亦於傍晚送營，隨即急製繃帶包，於是官兵除人各一枕外，彈藥繃帶塞滿乾糧袋。

命通訊排移入營內架設，將大車站憲兵撤回連部，派兵佔領郵電局之電話總機室，祇准友軍通話，餘概停接。（本午撤回）命第一連及嘉義機場駐軍切取聯絡，期得支援。電告團部，并請對第二連直接指揮之。命全體官兵改食

稀飯，佐以日軍遺留乾菜，招待警員「難民」亦同，當晚數檢警員計廿餘名，「難民」計（男女大小）七十餘口，請陳局長將警員編成一班，指定左側室樓一座與之駐守，陳局長於編班後自請由余指揮，余因請其轉命所屬，須絕對服從，苟有抗命私通叛逆者，余必先斬後奏，陳局長認諾以往。騰空士兵寢室一大間，安置「難民」，指定男士與婦孺分寢兩大通鋪。命官兵加構牆外絆網鐵絲網，并通以電流，穿牆壁為射擊孔，將有碍左側高牆翻倒數十尺，瓦上樓角分置木箱實沙土布置據點，以粗大横木阻斷兩端街口，取日軍棄置煙幕罐發交各班，（因使用於火車站時頗收效，叛徒誤認為毒瓦斯，尚存有十餘可利用。）將空玻璃瓶數十瓶注入汽油，以紙緊塞瓶口，備火柴於必要時使用，是夜及以後之數夜，余身佩駁壳及白朗林手槍各一枝，武士刀一柄，率戰鬥指揮班，除巡視指導防禦外，假眠於本營電話總機旁。

稀飯，佐以日軍遺留乾菜，招待警察、難民亦同，當晚數拾警察計卅餘名，難民計男女大小七十餘口，請陳隊長將警員編成一班，指定左側宿樓一座與之駐守，陳隊長於編班後自請由余指揮，余因該其轄命所處，須絕對服從，如有抗命私通叛逆者，余必先斬後奏，陳隊長諾諾以往。騰空士兵寢室一大間，安置難民，指定男士與婦孺分寢兩大通舖。命官兵加構牆外鉎網鐵絲網，並通以電流，穿牆壁為射擊孔，將有碍左側屋牆翻倒數十尺，瓦上樓角分置木箱實以土佈置據點，以粗大橫木阻斷兩端街口，取日軍棄置煙幕罐，發交各班，因使用於大東亞戰時收繳，叛徒誤為毒氣斯，尚存有十餘可利用，將空玻璃瓶數十瓶注入汽油，以紙緊塞瓶口，備火攻於必要時使用，是夜及以後之數夜，余身佩駁殼及白朗林手槍各一枝，武士刀一柄，率戰鬥指揮班，隨巡視指導防禦外，假眠於本營電話總機旁。

八

嘉義分駐排戰事於是晚爆發，來電求援，告以南市處境，囑其與駐軍取聯絡，一致抵抗，若嘉義不守，即向南市轉進。第一連分駐屏東之排，於抵抗後撤回高雄，分駐高雄火車站之班，已由該連指導員李宗周運用機智劫持該市參議員某，安全撤回連部，許連長率排長張瑞庭吳鐵雲等於其駐所抵抗後，得高雄要塞司令彭孟緝之助，派隊接應全連至鼓山司令部。花蓮之第二連及蘇澳排，此時情況不明。深夜南市遠處聞手搖警報器聲，亦間有鳴鑼聲，據報叛徒正發動日據時代曾服役於海陸空軍之退伍軍人，并每戶派壯丁一名，編組偽軍，準備進襲本營。我加強巡邏嚴密戒備，并請項上校於必要時擊發高射砲鎮懾，項因澈夜以探照燈照射。

【第四日】

第四日（三月二日）清晨，為防叛徒利用救火車進襲，命第三連派兵會同警員將南市救火車駛回營部控制，營房左前方可能利用車輛接近之通路隙地，埋設輕便鐵軌材，加佈鐵絲網，早粥後，陳局長懷讓來稱：「據其曾往參議會

嘉義分駐排戰事於是晚爆發，來電求援，告以南市處境，囑其與駐軍取聯絡，一致抵抗，若嘉義不守，即向南市歸隊。第一連分駐屏東之排，於抵抗後撤回高雄，分駐高雄大車站之班，已由該連指導員李宗周運用機智劫持該市參議員某，安全撤回連部，許連長率排長張瑞庭、吳鐵雲等於其駐所抵抗後，得高雄要塞司令彭孟緝之助，派隊接應全連至鼓山司令部。花蓮之第二連及蘇澳排，此時情況不明。深夜黎明前南市處處聞手搖警報器聲，亦聞有鳴鑼聲，搖鈴報告正發動日據時代曾服兵役於海陸空軍之退伍軍人，並每戶派壯丁一名，編組備軍，準備進襲本營。我加強巡邏，嚴密戒備，並請項上校於必要時由要塞高射砲鎮壓，項因激在以擲照灯照射。第四日（三月四日）清晨，為防叛徒利用救火車進襲，命第三連派分會同警員將南市救火車駛回營部控制，營房左前方可能利用車輛接近之通路隙地，埋設輕便鐵軌材，加佈鐵絲網，早辦妥，陳局長懷讓來稱，據其曾經參議會

所見，尚無侵犯施暴行為，邀余可否一往參議會，期能緩和局勢？余向以坦誠對人，郭汾陽尚且單槍匹馬服突厥，苟於事有濟，微小如余又何惜焉！因即交代郎營附，余與陳局長即赴參議會，一切代為處理，逾時不返，即予救援，車至圓環見人山人海，參議會大門有執槍上刺刀之學生二三守衛，向余舉槍敬禮，入辦公廳後，卻為人群包圍，有向余亮步槍武士刀者，余獨坐於會議桌前，泰然置之，臨時講台上有悢悢操日語或台語爭先恐後演講者，余告以不懂，尋有參議員侯全成移椅坐余側，不發一語，嗣又有以國語譯述大意者，謂為指斥政府無能，青年失業，粮食缺乏，憲兵捕人，欲予搜查本營云。

余起立擬作解釋，未及數語詎為群眾噓止，講台上擠滿演講人，甲一句，乙一句，丙又阻一句，演講聲與爭執聲哄成一片，余閉目靜聽良久，始悉所謂捕人者，係

所見，尚無侵犯施暴行為，邀余可至一往參議會，期能緩和局勢。余向以坦誠對人，郭汾陽尚且單槍匹馬服突厥，尚於事有濟，微小如余又何惜焉！因即交代郎豪附，余與陳局長即赴參議會，一切代為處理，逾時不返，即予救援，車至圓環，見人山人海，參議會大門有執槍上刺刀之學生二三守衛，向余舉槍致禮，入辦公廳後，却為人群包圍，有向余亮出槍武士刀者，余獨坐於會議棹前，泰然置之，臨時講台上有悵之操日語或台語爭先恐後演講者，余告以不懂，幸有參議員候全成移椅坐余側，不發一語，嗣又有以國語譯述大意者，謂為指斥政府無能，青年失業，糧食缺乏，憲兵捕人，欲予搜查本營云。余趁之擬作解釋，未及數語，旋為群眾噓止，講台上擠滿演講人，甲一句，乙一句，丙又阻一句，演講聲與爭執聲哄成一片，余閉目靜听良久，始悉所謂捕人者，係

駐機場附近國軍，時間為本日清晨，所捕為不知姓名之學生二人云，余因告侯參議員，若確有其事，余負責將學生領回，此時郎營附來電詢余之安全，因告以將往機場領學生，嗣由陳局長備車同往，詎為台南市人民自由保障委員會主任委員湯德彰（日人，原名板井德彰，曾任刑警，光復後改隨母姓，逃避遣返，後經依法槍決。）率領大批從徒，手執各種旗幟，一揮登車，將車擠滿致無法開動，余因謂：「如此浩蕩前往駐軍處，定將引起誤會，一旦機槍掃射，後果堪虞，必須減少從人，掩滅旗幟，將到駐軍區緩緩前駛始可。」後經照辦，由余坐前列，以搖晃軍帽為記，到達廿一師連部，始悉本晨二名師範通學生由鄉入城，被流氓毆擊頭破血流，為該連前哨救回，給予包紮飯食後休息中，因將受傷學生帶回參議會，命其親自登台向群眾報告國軍救命經過後，偕陳局長繞道南

駐機場附近國軍，時間為本日清晨，所捕而不知姓名之學生二人云，余因告候參議員，若確有其事，余負責將學生領回，此時即高樹青電詢余之安全，因告以將往機場領學生，嗣由陳尚友備車同往，詎為台南市人民自由保障委員會主任委員湯德彰（日人，原名板井德彰，曾任刑警，光復後改隨母姓，逃避遣送，後經依法槍決）率領大批從徒，手執各種旗幟，一擁登車，將車擠滿致無法開動，余因謂之：如此浩蕩前往駐軍處，定將引起誤會，一旦機槍掃射，後果堪虞，必須減少從人，掩減旗幟，將到駐軍區緩緩前駛始可。後經照辦，由余坐前列，以搖晃軍帽為記，到達廿一師連部，始悉本晨二名師範通學生由鄉入城，被流氓毆重破頭血流，為該連前哨救回，給予包紮飯食後休息中，因將受傷學生帶回參議會，命其親自登台向群眾報告國軍救命經過後，偕陳尚友繞道南

門路其公館取行李返營。

午後參議員十餘人來營請見，要余將收容內地職員暨眷屬掃數交出，歸渠等處置，不許再予收容，不許派車巡邏，當為余堅決拒絕，最後憤慨激烈，請彼輩從速回會，指揮所編組之武裝部隊迅速來攻，余廖某湘人，郎某川人，均身經大小數十戰，余之官兵絕不為威屈，所惜數百手無寸鐵之公教婦孺何辜？廿餘萬市民生命財產將成灰燼，至此聲淚俱下，於是若干參議員如許丙丁等亦唏噓落淚，最後渠等允出抑制青年學生之各種妄動。稍後參議員陳天順等贈白米十小包并代購鮮蘿蔔百斤來營，傍晚接本團部電示，知被劫持，密交郎營附一閱後，囑勿宣洩，（事後詢知張團長慕陶，謂係被李友邦愚弄云。）尋有參議員葉禾田來營，詢余有無捕禁市民？當導其參觀禁閉室後退去。

10.

門請其分館取行李返營。

午後參議員十餘人來營請見，要余將收容內地職員暨眷屬掃數交出，歸吳等處置，不許再予收容，不許派車巡邏，當為余堅決拒絕，最後憤慨激烈，該批輩從速回會，指揮所編組之武裝部隊迅速來攻，余廖某湘人，郎某川人，均身經大小數十戰，余至死無不為威屈，所惜數百手無寸鐵之公教婦孺何辜？廿餘萬市民生命財產將成灰燼，至此聲淚俱下，於是在座參議員如許丙丁等亦唏噓落淚，最後吳等允出抑制青年學生之各種妄動。稍後參議員陳天順等贈白米十小包并代購鮮蘿蔔百斤來營，傍晚接奉團部電示，知被劫持，密交郎萬坤一閱後，囑勿宣洩。（事後詢知張團長慕陶，謂係被李友邦愚弄云）尋有參議員葉禾田來營，詢余有無補替市民？旋導其參觀禁閉室後返去。

是夜項克恭部有士兵一名因傷武裝車送入城求醫，旋有侯全成身穿睡衣，赤足拖鞋來營，謂被迫前來請阻止國軍入城，請制止嘉義戰事，并提條件請余簽字，當告以項部士兵因傷入城求醫，不應杯弓蛇影，旋書一密函，囑嘉義分駐排，愛護善良市民，非依憲兵令不射擊。該侯某所提條件要旨為：「憲兵營長應允解決青年失業問題。應允解決粮食缺乏問題。應阻止駐軍調動及入城問題，南市一切應以台北行動為處理依據。」余身僅一憲兵營長，對此項條件本屬風馬牛，然鑒於狙公養狙，朝三暮四，易以暮四朝三，可使狙怒轉歡，因將條件刪改為：「允建請政府解決失業及粮食問題，駐軍無事不調動不入城，南市一切以台北長官部命令為處理依據。」於是侯某滿意與辭，送侯出營門時，突聞槍聲兩響，命侯避入雜房，少頃繼送出至步哨線，將情以密碼電話告知團部警務團附周彥文，據云不清，嗣改電報拍發，并

是夜該部有士兵一名因傷武裝車送入城求醫，旋有侯全成身穿睡衣，赤足拖鞋來營，謂被迫前來請阻止國軍入城，請制止嘉義戰事，并提條件請予簽字，當告以該部士兵因傷入城求醫，不應杯弓蛇影，旋書一函，囑嘉義分駐排，愛護善良市民，非依憲兵令不射擊。該侯某所提條件要點為：「憲兵營長應先解決青年失業問題。應先解決糧食缺乏問題。應阻止駐軍調動及入城問題。南市一切應以台北行動為處理依據。」余身僅一憲兵營長，對此項條件本屬風馬牛，無鑒於狙公養狙，朝三暮四，易以暮四朝三，可使狙怒轉歡，因將條件刪改為：「先建請政府解決失業及糧食問題，駐軍無事不調動不入城，南市一切以台北長官部命令為處理依據」，於是侯某滿意告辭，送侯出營門時，突聞槍声兩響，命侯避入新營，少頃繼送出經步哨線，將情以密碼電話告知團部警務團附周彥文，據情云不刪改電報拍發，并

以另電託機場地勤隊陳隊長金水拍轉首都憲兵司令部，表明決心，必要時將以身殉。（此電迄未獲復，未知陳隊長曾履行其諾言否？）

【第五日】

第五日（三月三日）黎明，台南團營區司令部及汽車排等撤至機場，余親自巡邏至南郊與各駐軍切取聯絡，偕李中校與廿一師連長實地勘察陣地後隨即分配，本營防禦工事，并承廿一師連長負責代掘，請汽車隊派出車隊將供應局台南倉庫存粮八百餘包派憲兵押運至機場分置於機庫內，仍由該倉庫員兵管理，機場蓄水池早已由廿一師連長儲滿，燃料可取自機場被炸房屋，蔬菜可取自場外番薯葉，估計南市駐軍「難民」全撤至機場後可維持二個月，將營連部重要公文印信暨郎營附妻小撤運至機場安置於機庫內，命錢連長實地勘察轉進路線。至此叛徒知余備戰甚亟，態度轉趨緩和。

以易電話機場地勤隊隊隊長全水柏轉前都憲兵司令部，表明決心，必要時將以身殉。（此電迄未獲覆（復），未知隊隊長曾履行其諾言否？）

第五日（三月三日）黎明，台南團管區司令部及汽車排等撤至機場，余親自巡邏至南部與各駐軍切取聯絡，偕李中校與廿一師連長實地勘察陣地後隨即分配，本處防禦工事，并派廿一師連長負責代擔，該汽車隊派出車隊將倉庫台南倉庫存糧八百餘包派憲兵押運至機場分置於機庫內，仍由該倉庫員兵管理，機場蓄水池早已由廿一師連長儲滿，燃料可取自機場被炸房屋，蔬菜可取自場外番薯葉，估計南市駐軍「難民」全撤至機場後可維持二個月，將高雄部重要公文信璽（印）、高樹妻小撤運至機場安置於機庫內，令錢連長實地勘察轉進路線。至此報紙知余備戰甚亟，態度轉趨緩和。

十一

下午參議員十餘人來營請見，謂擬赴項克恭處請卓市長回府主持市政，請余為先導，當電知後導往項部開會。席間卓以安全為虞，項上校亦無甚主張，余因手執手槍，指名韓石泉侯全成厲聲謂之曰：「卓市長精神上自可為廿餘萬市民而犧牲，但如有生命危害，余必手刃爾頭。」韓、侯二人當場認諾後，要求市長入府後由渠等派人保護。於是，卓首肯於次日入市府辦公。

會散入城不久，全體參議又來營請見，商談恢復市面秩序問題，當依余之主張，派徒手憲兵二十餘名，每兵偕參議員一人為一組，併肩緩步，遍巡全市各街巷，逢人即予宣導，各參議員同聲認諾後，出發未及二小時，表面秩序立予恢復，南市火車站憲兵勤務隨亦恢復，派兵撕去「打倒豬政府」「打倒貪官污吏」之紙等標語，（携回十餘張報團。）見台南製鹽總廠已被翁金護劫收，并貼

下午參議員十餘人來慕禧兒，謂擬赴埧克萘廟請卓市長回府主持市政，
請余為先導，当電知係尋往埧部開會，席間卓以安全為慮，埧上校亦無
甚主張，余因手執手杖，指在韓石泉、侯全成厲聲謂之曰：「卓市長精神上自可為廿餘萬市
民而犧牲，但如有生命危害，余必手刃余頸。」韓、侯二人當場認諾係，要求市長
入府係由渠等張人保護。於是，卓首肯於次日入市府办公。
會散入城不久，全體參議又來慕禧兒，商談恢復市面秩序問題，當依余
之主張，派徒手憲兵二十餘名，每兵偕參議員一人為一組，兩併肩緩步，遍巡
全市各街巷，逢人即予宣導，各參議員同聲認諾係，出發未及二小時，表面秩
序立予恢復，南市大中路憲兵勤務隨亦恢復，派兵撕去「打倒豬政府」「打
倒貪官污吏」之標語紙，同十餘張報團。兒台南製鹽總廠已被翁重獲接收，并知

佈告，自稱總經理。

本日本團部電：「台灣警備總部任彭司令孟緝兼南部防守司令，負責嘉義以南防守」傳聞叛逆於他縣市到處殺人，雖婦孺亦不免，並有以人頭置馬路中示眾者，威脅高雄彭司令及台北長官部警備總部等移交，謂可保命遣送回大陸云，蔣逆渭川自稱「總統」，王逆添燈自封「外交部長」，迭向駐台美國領事請願，支持其偽台灣人民共和國，高雄以南發現偽國旗，插於火車上流動，印發小冊子，公然稱亂，台中市本團第二營分駐排與國軍一個營，盡被台共謝逆雪紅（女）繳械，又聞本團留駐福建之第三營及憲兵第廿一團兩個營護閩台監察使楊功亮登陸基隆。

【第六日】

第六日（三月四日）清晨，余乘巡邏車赴「國民道場」迎卓市長，八時入廣播

佈告，自稱總經理。

本日本團部電云「台灣警備總部任彭司令孟緝兼南部防守司令，負責嘉義以南防守」傳聞彭匪逆於他縣市到處殺人，雖婦孺亦不免，並有以人頭置馬路中示眾者，威脅高雄彭司令及台北長官部警備總部等移交，謂可保命遣送回大陸云，蔣逆渭川自稱「總統」，王逆添燈自封「外交部長」，送向駐台美國領事請願，支持其偽台灣人民共和國，高雄以南懸掛偽國旗，公然插於大車上流動，印發小冊子，公然稱亂，台中市本團第二營分駐排營國單一個營，已被台共謝逆雪紅(女)繳「械」，又聞本團留駐福建之第三營及憲兵第廿團兩個營並閩台監察使楊功亮登陸基隆。

第六日(三月四日)清晨，余乘巡邏車赴「國民道場」迎卓市長，八時入廣播

電台，卓於播講後入市府，韓、侯隨即派人前來保護，收容於本營之警員與「難民」分別離去，各機關零星恢復辦公，表面秩序似已恢復，然叛逆妄圖武力解決則未稍戢，緊接南市之嘉義戰事激烈，憲兵中士郭權發因奪叛軍機槍而陣亡，上等兵黃鴻木失踪，高雄地區正囂塵上，南市地方派別各有主張，有主張以三民主義青年團為基幹，徵集前日軍退伍軍人及全市壯丁組敢死隊首先摧毀本營，次及郊區國軍，澈底解決者，有主張改選市長而奔競獲選偽市長者。激烈派之領袖人物莊孟侯於卓市長入府辦公後，隨即轉入地下活動中。

晌午韓石泉携被控制之偽中華日報一小張來營請見，據談為改選偽市長，謂唯有侯全成始有力量收拾殘局，請余支持虞之當選云，余當曉以利害，請轉告侯全成「明哲保身」，韓不明此句成語，因取鋼筆書示之，

電台，卓於播講後入市府，韓、侯隨即派人前來保護，收容於本黨之黨員避難
民眾分別離去，各機關零星恢復辦公，表面秩序似已恢復，但叛逆潛滋，妄圖武力解決
剿未稍戢；鑒於南市之嘉義戰事激烈，蓋為中士郭權發因奪取軍械於所陣亡，
上等兵黃鴻木失蹤，高雄地區正囂塵上，南市地方派別各有主張，有主張以三民主
義青年團為基幹，徵集前日軍退伍軍人及全市壯丁組敢死隊，首先摧毀本黨，次及鄭遷
國軍，徹底解決者；有主張改選市長而奔競獲選僞市長者。激烈派之領袖人物莊
孟侯於卓市長入府辦公後，隨即轉入地下活動中。
晌午韓石泉擕被控制之僞中華日報一小張來黨請兒，據談為改選僞市長，
謂唯有侯全成始有力量收拾殘局，請余支持擁之當選云，余當曉以利
害，請轉告侯全成「明哲保身」，韓不明此句成語，因取鋼筆書示之，

韓雖唯唯辭出，但妄冀獲選偽市長之心仍未稍減，當夜活動更烈。

余鑒於叛徒既擁有大量武器，（估計機、步、手槍三百支，獵槍武士刀相等。）嘉義機場油彈庫被奪，高雄局勢混亂，復以友軍合作精神欠缺，請項上校支援，而項以本身兵力單薄，面有難色，本營駐處為市街，叛徒易於接近，單純防禦違背戰術原則，出擊了無目標。市街戰指揮困難，為冀友軍確切支援，下午當卓市長項上校面，要求將本營撤至機場共同防禦。至此，項克恭始保證支援，謂：「憲兵如受攻襲，請以舉火為號，本部立即進攻南門，打通血路接應。」廿一師連長亦保證接應於青年路口，不計任何犧牲，待憲兵抵達機場後，始將前哨轉移。於是余目的已達，返營後將情交代錢連長，命堆積大量廢材於營前茅屋中，備汽油派專責士兵候另命，傍晚，軍士環立請餘下令出

韓班唯唯辭出，但妄冀藉選偽市長之心仍未稍減，當夜活動更烈。

余鑒於叛徒既擁有大量武器（估計機步、手槍三百支，獵槍武士刀相等）嘉義機場油彈庫被奪，高雄局勢混亂，復以友軍合作精神欠強，請項上校支援，而項以本身兵力單薄，面有難色，本營駐處為市街，叛徒易於接近，單純防禦違背戰術原則，出擊又無目標，市街戰指揮困難，為冀友軍確切支援，下午當卓市長項上校面，要求將本營撤至機場共同防禦。至此，項克恭始保証支援，謂：「貴營如受攻擊，請以舉火為號，本部立即進攻南門，打通血路接應」。並師連長亦保証接應於青年路口，不計任何犧牲，待貴營抵達機場後，始將前情轉移。於是余目的達，返營後將隊交代錢連長，命堆積大量廢材於營前茅屋中，備作油脂專責士兵候另命，傍晚，軍士環立待余出下令

十三.

擊，當勉以沉著應付，絕不作第一槍導火線，如被攻擊，余立命出擊，勝利則分路掃蕩，不勝則舉火隨余撤至機場，余死由郎營附指揮，郎死由錢連長指揮，余必不避死，居當身先爾等，余身佩全武裝，從未合眼三四小時者，官兵士氣異常激昂，本可一戰功成，削平叛逆，然鑒於台灣同胞，兄弟手足，不應鬩牆，徒使日寇匪共竊笑，使政府增憂，決心靜定以待。是夜仍間聞遠處有手搖警報器聲，卻據巡邏車回報，又失踪影。項上校來電謂，渠聽收音機，得知彭司令廣播：「已停止抵抗。」又聞整編廿一師已由江北抽調來台，心為之稍安。

【第七日】

第七日（三月五日）上午無異狀，下午高雄要塞兼南部防守司令彭公孟緝派楊上校俊，率該部警備大隊暨整編廿一師陳營，以大小汽車數十輛浩蕩北進，余乘

專，希勉以沉着應付，絕不作第一批逃亡之孫，如被攻出，余立命出專，勝利則分路掃蕩，不勝則率大隊隨余撤至機場，余死由郎萬樹指揮，郎死由錢連長指揮，余必不避死，唯當身先官等，余身佩全武裝，從未合眼三四十小時矣，官兵士氣異常激昂，本可一戰功成，剷平叛逆，無奈臺灣同胞，兄弟手足，不應鬩牆，徒使日後匪共竊笑，使政府增憂，決心靜定以待。是夜仍間聞遠處有手榴彈爆聲，卻據巡邏來回報，又失蹤影。頃上校來電謂，請聽收音機廣播，得知彭司令廣播之「已停止抵抗」，又聞整編廿一師已由江北抽調來台，心為之稍安。

第七日（三月五日）上午無異狀，下午高雄要塞東南部防守司令彭孟緝派楊上校俊，率該部警備大隊暨整編廿一師陳營，以大小汽車數十輛浩蕩北進，余乘

巡邏車親迎於機場，即將南市情況告知，請楊上校以和平態勢佔領市區，余將負責搜捕叛徒，治以應得之罪，當楊上校首肯之際，而後續之廿一師陳營長已到，頗以余言為不然，厲聲咤余謂：「何為和平佔領？為何不攻擊前進？國家養兵千日，用於一朝……」余再為解釋：「南市秩序已復平時狀態，商人開店，工人做工，學生上課，若攻擊前進，則廿餘萬市民將不分善惡，死傷必慘。」渠謂：「若和平佔領，苟國軍中途被襲，貴營長將如何？」余當即詢明所欲佔領據點，分與憲兵十餘名，領路入城，若遇被襲，請先槍斃領路憲兵，余留於此，併可償命。」陳營長楊指揮官經余作此保證後，乃決定祇留憲兵十餘領路，營長不必留此，余因率餘兵先返營，急命郎營附率所有官兵（包括衛兵）包圍肇亂中樞之參議會，

巡邏車親迎於機場，即將南市情況告知，請楊上校以和平態勢佔領市區，余將負責搜捕叛徒，治以應得之罪，當楊上校首肯之際，而後續之廿一師陳臺長已到，頗以余言為不然，厲声叱余謂：「何為和平佔領？為何不攻擊前進？國家養兵千日，用於一朝……」余再度解釋：「南市秩序已復平時狀態，商人開店，工人做工，學生上課，若攻擊前進，則廿餘萬市民將不分善惡，死傷必慘。」渠謂：「若和平佔領，而國軍中途被襲擊，貴臺長將如何？」余當即詢明所欲佔領據点，分與憲兵十餘名，領路入城，若遇被襲，請先槍斃領路憲兵，余留於此，俾可償命。」陳臺長楊指揮官經余說此保證後，始決定祇留憲兵十餘領路，臺長不必留此，余因率餘兵先返營，急令部營附率所有官兵（包括衛兵）包圍犯亂中樞之參議會，

十四

（營門由余率雜兵守護）將正在開會中之大部參議員暨主任秘書等盡予逮捕，用二輛卡車遞解指揮部，渠等此時始悉大量國軍已佔領市區，面無人色，沉寂無一語，迨余再赴指揮部與楊、項、卓、陳局長等會商決定：「一、釋放部分參議員，令收繳流氓學生武器，將功抵罪。二、扣留部分解地院看守所羈押，派兵駐守，交法院審判。（包括續捕人犯）三、憲警繼續搜捕叛徒，每搜查一處，由國軍任外線警戒，由憲警入疑宅搜捕。四、國軍部隊除繼續前進南縣者外，實施戒嚴，禁絕行人。規定通行旗幟口號。」是夜，除會同軍警搜查數處外，戒嚴中之國軍誤斃警員與行人各一，警員遺體由警局處理，居民遺體於天明後派憲兵協助其遺屬處理。

【第八日】

第八日（三月六日）自晨至晚均為會同軍警繼續搜捕叛徒，當在西門某戲

（營門由參軍雜為守護）將正在開會中之大部參議員暨主任秘書等予逮捕，用二輛卡車運至解指揮部，渠等此時始悉大勢圖國軍已佔領市區，面無人色，沉寂無一語，遂又再赴指揮部與楊、項、卓、陳局長等會商決定：一、釋放部份參議員，令收繳流氓學生武器，將功抵罪。二、扣留部份參議員解地院看守所羈押，派員駐守，交法院審判。（包括續捕人犯）三、憲警繼續搜捕報復，每搜查一處，由國軍任外線警戒，由憲警入疑宅搜捕。四、國軍部隊除繼續前進南縣北外，實施戒嚴，禁絕行人。規定通行旗幟口號。是夜除會同軍警搜查數處外，戒嚴中之國軍誤襲警員與行人各一，警員遺體由警局處理，居民遺體於天明後派憲兵協助其遺屬處理。

第八日（三月六日）自晨至晚均為會同軍警繼續搜捕報復，查在西門某戲

院搜捕時，有甲級流氓某持槍拒捕向外躍樓，被負責警戒之國軍士兵擊斃。台南地方法院檢察處將暴亂中率徒眾劫奪警察總局庫存武器之湯德彰（即板井德彰）乙名，依危害民國緊急治罪法移地院刑庭，判處死刑，佈告週知，驗明正身，押赴圓環槍決。侯全成等收繳部分武器交余轉指揮部（部分警局手槍則落入流氓手，迄今仍未盡繳。）南市事變於焉平息，整編廿一師派兵一團接防後之數日解嚴。

當槍決湯德彰之後，有謂南市僅斃一人不足以鎮懾者，余以情形特殊對嗣會同各方組軍事法庭於台南地院辦公，余派郎營附文光主其事，判處南縣叛首黃媽典死刑，奉准押赴新營鎮執行，其餘犯百餘人分別輕重或釋或徒刑，亦有專令移高雄台北審理者，（翁金護移高雄，莊孟侯及台共李某移

院搜捕時，有甲級流氓某持槍拒捕向外跳樓，被負責警戒之國軍十六團擊斃。台南地方法院檢察處將暴亂中率徒眾劫奪警察總局庫存武器之湯德彰（即板井德彰）之名，依危害民國緊急治罪法移地院刑庭，判處死刑，佈告週知，驗明正身，押赴圓環槍決。侯全成等收繳部份武器交余轉指揮部。（部份警局手槍則仍落入流氓手，迄今仍未盡繳。）南市事變於焉平息，整編廿一師派第一團接防後之數日解嚴。

當於決湯德彰之後，有謂南市僅斃一人不足以鎮懾者，余以情形特殊對嗣會同各方組軍事法庭於台南地院辦公，余派郎營坤文光主其事，判處南縣叛首黃媽典死刑，並押赴新營鎮執行，其餘犯百餘人分別輕重或釋或徒刑，亦有奉命移高雄台北審理者，（翁金護移高雄，莊孟侯及台共李某移

十五

台北，後准自新。）總計南市誤斃二人，拒捕被斃一人，依法叛死者南市南縣各一人。

高雄地區於第七日勘平，屏東之憲兵一排，於第二日抵抗後退達高雄連部建制，嘉義之憲兵一排，自第二日直至第八日均在戰鬥中，嗣經廿一師由台北以飛機四架運兵增援，始獲攻返市區，將叛首陳復志（三民主義青年團嘉義支團負責人）等格斃於車站，變亂始平。蘇澳憲兵一排，於第二日抵抗後撤退花蓮第二連建制，該連於第三日與警局同護縣長張文成撤至義寮據守，安然無恙。台東之一班，於第二日突被叛徒以機槍威脅，繳去武器，關閉一室，余聞報，命王連長輝取該班人頭來見，於是王輝於花蓮緩和後派排長孔志元率兵喘往台東，將人槍啟出，總計是役，本營第一連傷憲兵上等兵一名，（洞穿胸部後醫癒）第三連嘉義排陣亡

台北、政治會新）總計南市誤斃二人，拒捕被斃一人，依法判死者南市南縣各一人。

高雄地區於第七日戡平，屏東之憲兵一排，於第二日抵抗與相遇高雄連部建制，嘉義之憲兵一排，自第二日直至第八日均在戰鬥中，爾經廿一師由台北以飛機四架運兵增援，始獲攻返市區，將叛首陳複志（三民主義青年團嘉義支團負責人）等格斃於車站，変亂始平。蘇澳憲兵一排，於第二日抵抗後撤向花蓮第二連建制，該連於第三日與警局同護縣長張文成撤至文纂據守，安然無恙。台東之一班，於第三日突被叛徒以槍枪威脅，繳去武器，囚閉一室，幸聞訊，令王連長輝取該班人頭來見，於是王祥於花蓮緩和後派排長孔吉元率兵端往台東，將人槍啟出，總計是役，本營第一連傷憲兵上等兵一名（洞穿胸部後醫愈）第三連嘉義排陳之

郭班長一名（中頭部，就機場火葬。）失蹤上等兵一名，營部被毆傷軍需軍士藍天壽及炊事兵各一名。台南全市當時統計，軍民被毆輕重傷為廿四人。

台灣同胞，在日人統治下五十一年，若干接受日人教育培植者，中其遺毒頗深，雖云於光復之頃曾有熱烈歡迎祖國之表現，然內心則恒以我國政府一切制度皆不及日人，政令朝三暮四，官吏貪墨，上下其手，派系傾軋，人事混亂。國軍則紀律不嚴，裝備不善，穿草鞋，撐雨傘，採辦蔬菜貨品，討價、看秤、肩挑、公共浴池內使用肥皂，觀劇乘車不購票，榻榻米上不脫鞋，「支那人」鄙，肉食者更鄙，每遇困擾，不分公私，輒謂：「被光復害慘」，「被祖國害慘。」「國民黨政府敗極。」（凡此語調迄仍常有聽聞。）而當時代表民意之參議會，更有公然於會議中譏諷中山裝，謂備四只口袋為盛鈔票而設者，報紙新聞亦予揭載，

郭班長一名（中頭部，就檢場火葬）失踪上等兵一名，頭部被毆傷，軍屬軍士藍天寿及炊事兵一名，台南全市當時統計，軍民被毆傷輕重為廿四人。

台灣同胞，在日人統治下五十年，居中接受日人教育培植者，中其遺毒頗深，雖云於光復之頃曾有熱烈歡迎祖國之表現，然內心則恒以我國政府一切制度皆不及日人，政令朝三暮四，官吏貪墨，上下其手，派系傾軋，人事混亂。國軍則紀律不嚴，裝備不善，穿草鞋，撐雨傘，挑菜蔬貨品，討價、看秤、肩挑，公共浴池內使用肥皂，觀劇乘車不購票，榻榻米上不脫鞋，「支那人」鄙，肉食者更鄙，每遇困擾，不分公私，輒謂「被光復害慘」，「被祖國官僚」「國民黨政府腐敗極」（凡此語詞，迄仍常有所聞）而當時代表民意之參議會，更有公然於會議中譏諷中山裝，謂係四只口袋為盛載賄款而設者，報紙新聞亦予揭載，

十六

南市參議員侯全成等，會議中更謂：「福州人，三把刀，一菜刀，作料理，一剃刀，作修容，一剪刀，作裁縫尚可，以之作市長則不可，前任市長韓聯和雖不佩斯職，然身軀魁梧，架子尚不錯，……中國官吏常謂日本貨不良，為何日人遺留之房產，卻爭之如鶩？……」諸如此類語調，更以密克風擴播於場外聽眾，鼓掌聲如雷動。以致因北市取締私煙之小不諒，頃刻爆發，幾至不可收拾。

「二二八」南市之役平息後，余曾手稿長達萬餘字報告報團，以故事隔十七載，記憶猶新，所敘處理經過，本團團長張公慕陶及本營同事大部均在，卓高煊、項克恭、李蘊石、陳懷讓、涂懷楷、陳樟生、陳金水、楊俊、廿一師連長等俱亦在台，苟有錯漏，當可求證，事後檢討，是役使余能得預為之備者，功在所屬

南市參議員侯全成等，會議中互謂：「福州人，三把刀，一菜刀，作料理，一剃刀，作修容，一剪刀，作裁縫尚可，以之作市長則不可，前任市長韓聯和能不佩斯戰，然身軀魁梧，架子尚不錯，……」「中國官吏常謂日本貨不良，為何日人遺留之房產，卻爭之如鶩……」諸如此類語調，更以密克風擴播於場外聽眾，鼓掌聲如雷動，以致因北市取締私煙之小不讓，頃刻爆發，幾至不可收拾。

「二二八」南市之發生平息後，余曾手稿長達萬餘字報告報團，以故事隔十七載，記憶猶新，所敘處理經過，本團團長張公慕陶及本營同事大部均在，卓高煊、項堯恭、李蘊石、陳懷讓、陳懷楷、陳梓生、陳金水、楊俊、師連長等俱尚在台，尚有錯漏，盡可求証，事後檢討，是役使余能得預為之備者，功在所屬，

第一連押車士兵，於短暫停車南市站時，能將所見台北騷動之息報知，使余得於動亂未發前邀集駐軍首長會商大要。次為得力於第三連排長王文甫，幹練服從，率部用命，如限完成拒敵準備，（按當時於拒馬安置未及一小時則告三面撲來。）項部李宏中尉亦機會難得，營部郎營附文光，警務軍士朱明忠亦盡責竭力，而鹽務局之一輛道奇卡車與油料及王排長所奪貨運車（事後均經交還原主）亦予助力不少，否則，茫然無所備，蝸步牛行，疲於奔命，無法應付此一暴風疾雨，李中校蘊石、廿一師連長、項上校克泰、陳中隊長金水等，或假我以武器彈藥，或代掘未來抵抗工事，最後保證派部支援。事平後，地方贈以錦旗四面，豬肉數十斤，手巾香皂數十份，分享全體官兵，統在此申謝。

第一連押車士兵，於短暫停車南市路時，經將所見台北騷動之息報知，俾余得於動亂未發前，迅集駐軍首長會商大要。次為得力於第三連排長王文甫，幹練服從，率部用命，如限完成拒敵準備，（按當時於拒馬安置未及一小時則告三面撲來）項部李宏中尉亦機會難得，營部郭營附文光、警務軍士朱明忠亦盡責協力，而並務局之二輛運送卡車與油料及王排長所奪貨車（事後均經交憲遞原主）亦予助力不少，否則，縱然無所備，蝸步牛行，疲於奔命，無法應付此一暴風疾雨，李中校蘊石、卅師連長、項上校竟義、陳中隊長重水等，或假我以武器彈藥，或代擬抵抗工事，最後偕同派部支援。事平後，地方贈以錦旗四面，猪肉數十斤，手巾香皂數十份，分享全體官兵，統在此申謝。

十七

自傳／廖駿棠

余生於民前七年十二月十八日，世居湖南臨武之騄溪，父諱鳳至，母王氏，生余及弟妹三人，父蔭祖產，本堪溫飽，迨後食口漸繁，且遭民三之變，（民國三年母舅王本斎揭竿殺知事孫某以下七十餘人敗退，株連族戚頗眾，迨舅氏被執，經湯逆薌銘判殺後，案始寢。）翌年父以病歿，家告貧乏，余五歲入塾，廿一歲以家計困難，任小學教職，歷二載，心嚮革命，乃於民十五年冬赴穗，投身國民革命軍總司令部憲兵團充當憲兵，十六年一月隨軍北進，經贛於三月抵京，於肅清潛伏殘敵後，渡江隨兵站部服務於蚌、徐、棗莊，後服務於京滬杭，龍潭戰役後，獲連長高魁元賞識，選入憲兵軍士教導隊受訓六個

自傳

廖駿業

余生於民前七年十二月十八日，世居湖南臨武之騾溪，父諱鳳至，母王氏，生余及弟妹三人，父蔭祖產，本堪溫飽，近以食口漸繁，且遭民三之變，（民國三年冀王秉齋揭竿殺知事孫某以下七十餘人敗逃，誅連族戚頗眾，适舅氏被執，經湯并速鄉紳判教後，案始寢。）而是年父以病歿，家告貧乏，余五歲入塾，廿一歲以家計困難，任小學教職，歷二載，嚮革命，乃於民十五年冬赴穗，投身國民革命軍總司令部憲兵團充當憲兵，十六年一月隨軍北伐，經贛抵京，於三月於南京清潛伏殘敵後，渡江隨兵站部服務於蚌埠，徐州，棗莊，後服務於京滬杭，龍潭戰役後，獲連長高魁元賞識，選入憲兵軍士教導隊受訓六個

月，團改番號為憲兵第一團，結業後分發第一營，得營長蔣孝先召見，立升中士班長，服務滬、杭及首都，尋升上士班長，隨連長丁昌（祝綏）在丹陽、武進等地訓練新兵後，開赴濟南、青島接收日軍在膠濟沿線軍事，嗣隨護何部長應欽至穗，督戰於花縣及穗郊，迨桂系敗退，又喘往漢口，督戰於信陽，及唐逆生智敗逃，劉、龔兩師繳械後，回防首都，十九年七月升特務長，服務無錫，廿年三月以績拔少尉排長，集訓於吳縣，後服務於崑山、南昌、北平，廿二年三月入憲兵軍官講習會第三期，五月結業，七月升中尉排長，團改番號為憲兵第四團，服務於石家莊，及十九路軍叛變時，隨軍進駐福州、廈門，廿五年九月後選入軍校洛陽分校第五期受訓，廿六年七月畢業，十月升上尉連長，服務於福州，訓練

月，團改番號為憲兵第一團，結業後分發第一營，隨營長蔣孝
先（召）傳見，並升中士班長，服務滬杭及首都，尋升上士班長，在丹陽、（隨連長丁昌（現後））
武進訓練新兵，開赴濟南、青島接收日軍在膠濟沿線軍事，
嗣隨蒞何部長應欽至穗，曾戰於花縣及穗郊，追桂系敗退，又耑口
往潭口，曾戰於信陽，及唐逆生智敗逃，劉、鄧兩師繳械後，回防
首都，十九年七月升特務長，服務無錫，廿年三月以績核少尉排
長，集訓於英縣，後服務於崑山、南昌、北平，廿二年三月入憲兵軍官講
習會第三期，五月結業，七月升中尉排長，團改番號為憲兵第四（及十九路軍叛變時，隨軍鎮壓）
團，服務於石家莊、福州、廈門，廿五年九月攷選入軍校洛陽分校，
第五期受訓，廿六年七月畢業，十月升上尉連長，服務於福州，訓練

新兵於永安，廿九年三月升少校連長，服務於永安、朋口、龍巖、水潮、南靖等地，十一月升少校營附，在南平主持輪訓全團軍士計一至六期（每二月一期）三十年十一月升少校團附，兼南平警備司令部中校警務主任，服務於閩江水口以北，漳江石碼以北，以及南平、順昌、建甌、建陽、浦城、沙縣、永安、長汀一帶，三十一年五月與林森杜姓女結婚，三十二年一月升少校營長，五月生一女，半歲而夭，七月家母病逝，以抗戰正急，未及奔喪，九月升中校營長，服務於建甌、建陽及浙省之龍泉、麗水、大湖，嗣在南平主持訓練新兵兩個連，並輪訓全團軍士訓練班，繼隨軍事進展進駐福州、龍溪，迨日軍投降，分兵進駐廈門，三十四年十月率全營附第五連來台，負責接收日軍憲兵部隊，三十五年一月妻在榕城孿生長子雲

新兵於永安。廿九年三月升少校連長，服務於永安、朋口、龍巖、水潮、南靖等地。十一月升少校營附，在南平主持輪訓全團軍士計一至六期，（每二月一期）三十年十一月升少校團附，兼南平警備司令部中校警務主任，服務於閩江水口以北，漳江右碼以北，以及南平、順昌、建甌、建陽、浦城、沙縣、永安、長汀一帶。三十一年五月與林森杜姓女結婚，三十二年一月升少校營長。五月生一女，半歲而夭。七月家母病逝，以抗戰正急，未及奔喪。九月升中校營長，服務於建甌、建陽及浙省之龍泉、麗水、太湖，嗣在南平主持訓練新兵兩個連，並輪訓全團軍士訓練班，繼隨軍事進展進駐福州、龍溪。迨日軍投降，分兵進駐廈門，三十四年十月率全營附第五連來台，負責接收日軍憲兵部隊，三十五年一月妻在榕城產生長子雲

柯、長女雲翹，三十六年台灣「二二八」事變時，本營防區為嘉義以南，蘇澳以東，營位置於台南市，事變勘平後，余本有奉調內陸之息，以地方須鎮壓，延至卅七年一月調升憲兵第十三團副團長，服務於昆明、貴陽，六月生次男雲風，三十八年一月團長彭景仁改任師長，余代理團長閱三月，金元券大落，官兵副食不繼，新任王團長到任後，余因病調憲兵第廿一團政工主任，七月以同職改調憲兵第七團，均在旅行途中未及到差，八月一日以病久延未癒，奉准長假，卻先期於七月廿二日離穗返原籍，乃不意席未及暖，縣城先省垣陷於土共，因之倉卒亡命，經穗於八月一日抵香港，十三日在港搭永生輪，十四日船經高雄，得舊部王輝、李宗周之助，登陸高雄，尋來台北謁警務處長王成章，九月一日奉

柯，長女雲翹，三十六年台灣「二二八」事變時，本營防區為嘉義以南，蘇澳以東，營位置於台南市，事變勘平後，余奉有調內陸之意，以地方須鎮壓，延至卅七年一月調升憲兵第十三團副團長，服務於昆明、貴陽，六月生次男雲風，三十八年七月團長彭孟緝改任師長，余代理團長閱三月，金元券大落，憲兵副食不繼，新任王團長到任後，余因病調憲兵第廿團政工主任，七月以同戰改調憲兵第七團，均在旅行途中未及到差，八月一日以病久延未癒，奉批長假，卻先期於七月廿二日離穗返原籍，乃不意席未及暖，縣城先告淪陷於土共，因之倉卒亡命，經穗於八月一日抵香港，十二月在港搭永生輪，十四日船經高雄，得舊部王犖、李宗周之助，登陸高雄，尋來台北謁警務處長王民寧，九月一日奉

金山牌

委為台灣省警務處修械所副主任，十月一日調台北縣警察局海山分局荐任分局長，三十九年五月妻偕長次二子由榕經贛、湘、粵、港來台，七月被警務處長陶一珊無故黜調為該處修械所副主任，余因憤未到差，往謁保安處副司令彭孟緝，以工作興趣不同未果，十月應台南市長卓高煊之聘，任該市府情報秘書，四十年二月市府改組離職，四月生次女雲英，七月應台南市軍民合作總站兼站長葉禾田之聘，任該總站總幹事，四十一年十月奉行政院令撤銷，四十二年四月應台灣省總工會理事長陳天順之聘，任台灣省勞工之家總幹事，十二月生三女雲門，尋以勞工之家經費無著，改調省總工會幹事，五十二年二月起代理組長，五十四年三月升秘書兼代組長，五十六年八月尋任組長迄今。

上開經歷自民國十五年迄今逾四十有一年，所任工作，待遇素薄，大陸陷匪

為台灣省警務處修械所副主任，十月一日調台北縣警察局海山分局荐任分局長，三十九年五月妻偕長次二子由梧經贛、湘、粵、港來台，七月被警務處長陶一珊無故點調該處修械所副主任，余因憤未到差，往謁保安處副司令彭孟緝，以工作興趣不同未果，十月應台南市長卓高煊之聘，任該市府機要秘書，四十年二月因市府改組辭職，四月生次女雲英，七月應台南市軍民合作總站事站長葉禾田之聘，任該總站總幹事，四十一年十月奉行政院命撤銷，四十二年四月應台灣省總工會理事長陳天順之聘，任台灣省勞工之家總幹事，十二月生三女雲門、尋以勞工之家經費無着，改調省總工會幹事，五十二年二月起代理組長，五十四年三月升秘書兼代組長迄今。五十六年八月專任組長。上開經歷自民國十五年迄今逾四十有一年，所任工作，待遇素薄，大陸陷匪

，本身及妻子先後亡命來台，全家六口，衣食已難週，遑及財產？至所交友人，亦今非昔比，世態炎涼，其能比較風義，尚間有過從者，僅退役憲兵上校郎文光、鍾春、上尉丁佩欽、警務處技正陳懷讓等數人而已；至信仰方面，除篤信三民主義外，以父母妻室俱篤信佛，故亦順信不疑，惟從未皈依茹素耳！余年已六十有三，距就木之期不遠，將來志願，當屬空言，惟設若享天獨厚，能再延十年，則兒女教育早已完成，願善為利用老病殘年，躬親潛近匪區，與匪偽作殊死鬥焉！

本身及妻子先後亡命來台，金家山上，衣食已難周遇，遑及財產乎，至所交友人，而今非昔比，世態炎涼，其能比較風義，尚聞有過從者，僅退役空軍上校邱文光、鍾春、上尉丁佩欽、警務處校正陳懷讓等數人而已，至信仰方面，除篤信三民主義外，以父母妻室俱篤信佛，故亦曾信仰不疑，惟從未皈依茹素耳！余年已六十有三，距就木之期不遠，將來志願，當無空言，惟設若享天獨厚，能再延十年，則兒女教育早已完成，願善為利用老病殘年，躬親潛近匪區，與匪偽作殊死鬥焉！

—完—

年表

童年至少年：民前七年至民國十五年（一九〇五－一九二六）

民前七年（一九〇五）

・先生於民前七年十二月十八日出生於湖南省臨武縣，臨武置縣於漢高祖五年（西元前二〇二年），根據《水經注》載：「縣側武溪東，因名臨武縣。」廖氏一族源自河南唐河，後遷徙至福建莆田，元末避兵亂來到臨武，耕讀傳家。父蔭祖澤，生活無憂。

民前三年（一九〇九，四歲）

・入塾，因讀書過目不忘而有「小神童」之稱。

民國三年（一九一四，九歲）

・遭家變（民國二年二次革命討袁失敗，孫中山流亡日本，重組中華革命黨，發動武裝起義，母舅王本斋響應，與同儕於民國三年七月在臨武縣揭竿起義，殺知事等七十餘人，事敗逃

亡，後被執判殺，誅連族人三百餘人。先生的母親因典賣田產助母舅逃亡，家道中落）。

民國四年（一九一五，十歲）

- 喪父，家告貧乏，母被迫改嫁，祖父母亦已逝，先生與弟妹三人由偏房祖母撫養。

民國五年至十三年（一九一六－一九二四，十一歲至十九歲）

- 先生身為長子，為家計奔走，僅得三年中學教育，但不忘向學，迭與族裏諸堂兄借閱書報雜誌，努力自修。

民國十四年（一九二五，廿歲）

- 任小學教職，歷兩載。

北伐至抗日：民國十五年至廿六年（一九二六－一九三七）

民國十五年（一九二六，廿一歲）

- 先生心嚮革命，兩度離鄉投軍皆受阻，然志不移，終於民國十五年冬不告而別家人，徒步遠赴廣州，投身國民革命軍總司令部憲兵團，充當二等兵，同營同鄉同學受不住嚴格訓練而逃

亡者有十餘名，獨先生志不改。

民國十六年（一九二七，廿二歲）

- 先生隨國民革命軍北進，經贛抵京，肅清殘敵後，渡江執勤於蚌、徐、棗莊，後服務於京滬杭。以服從命令，意志堅強，英勇去敵，屢獲拔擢。在北伐最激烈、最具決定性的龍潭戰役後，獲連長高魁元賞識，選入軍士教導隊受訓六個月。

民國十七年（一九二八，廿三歲）

- 團改番號為憲兵第一團，先生自軍士教導隊結業，分發第一營，升中士班長，服務滬杭及首都；尋升上士班長，駐丹陽、武進訓練新兵；赴濟南、青島接收日軍在膠濟沿線軍事；隨護何應欽部長至穗，督戰於花縣及穗郊。

民國十八年（一九二九，廿四歲）

- 唐生智謀反，先生隨部急赴漢口，督戰於信陽，敗敵後回防首都。

民國十九年（一九三〇，廿五歲）

- 升準尉特務長，服務無錫。

民國廿年（一九三一，廿六歲）

• 以績拔少尉排長，集訓吳縣，後服務於崑山、南昌、北平。

民國廿二年（一九三三，廿八歲）

• 入憲兵軍官講習會第三期受訓三個月；升中尉排長，團改番號為憲兵第四團，服務於石家莊、福州、廈門。

民國廿五年（一九三六，卅一歲）

• 入中央軍校洛陽分校軍官訓練班第五期受訓。

抗日：民國廿六年至卅四年（一九三七－一九四五）

民國廿六年（一九三七，卅二歲）

• 畢業於中央軍校洛陽分校（七七蘆溝橋事變爆發，全面對日抗戰開始，先生於同月十四日卒業於洛陽分校）。

• 升上尉連長，服務於福州，訓練新兵於永安。

民國廿九年（一九四〇，卅五歲）

- 以年終考績優良獲頒陸海空軍乙種一等獎章。
- 升少校連長，服務於永安、朋口、龍巖、水潮、南靖等地；升少校營附，主持輪訓全團軍士於南平。

民國卅年（一九四一，卅六歲）

- 升少校團附，兼南平警備司令部警務主任，服務於閩江水口以北，漳江石碼以北，以及南平、順昌、建甌、建陽、浦城、沙縣、永安、長汀一帶。

民國卅一年（一九四二，卅七歲）

- 先生與林森杜聿涵（和珀）女士結婚。

民國卅二年（一九四三，卅八歲）

- 升少校營長，繼升中校營長，服務於建甌、建陽及浙省龍泉、麗水、大湖，主持訓練新兵及輪訓全團軍士於南平。

民國卅四年（一九四五，四十歲）

- 隨軍事進展進駐福州、龍溪，迨日軍投降，分兵進駐廈門。

來臺接收：民國卅四年至卅七年（一九四五－一九四八）

民國卅四年（一九四五，四十歲）

- 八月十五日，日本無條件投降；十月，先生率憲四團第一營附第五連由閩來臺，駐防臺南市，負責接收日軍憲兵部隊。

民國卅五年（一九四六，四十一歲）

- 孿生長子雲柯、長女雲翹（清映）生於福州。
- 以抗日有功獲頒抗戰勝利紀念章（彼時全國頒發此章僅共四千餘枚）。
- 以年終敘勛著有成績獲頒干城甲種二等獎章。

民國卅六年（一九四七，四十二歲）

- 協調指揮處理二二八事件，先生鎮靜應變，處理得宜，臺南市民生命財產多獲保全。

・破獲陸軍二〇五師以師長為首利用軍艦於高雄從事重大走私案。
・以元旦敘勛獲頒陸海空軍甲種二等獎章。

大陸變色：民國卅七年至卅八年（一九四八－一九四九）

民國卅七年（一九四八，四十三歲）

・升中校副團長，一月離臺赴滇，任憲十三團副團長，服務於昆明、貴陽。
・次子雲風於六月生於昆明。

民國卅八年（一九四九，四十四歲）

・一月，憲十三團團長彭景仁改任陸軍師長，先生代理團長閱三月，金元券大落，官兵副食不繼，新任王栩團長到任後，先生因病調憲廿一團政工主任，繼以同職改調憲七團，均在旅途中未及到差。八月一日，先生以病久延未癒，奉准長假，卻先期於七月廿二日離穗返原籍，席未及暖，縣城陷共，先生倉卒亡命，經穗於八月一日抵香港，十三日在港搭永生輪於十四日抵達高雄。
・八月十七日，福州陷共，妻及子女滯留福州岳家，音訊杳然。

亡命抵臺至辭世：民國卅八年至六十九年（一九四九－一九八〇）

民國卅八年（一九四九，四十四歲）

- 轉業警界，任臺北縣海山分局薦任分局長。

民國卅九年（一九五〇，四十五歲）

- 離警界，轉任臺南市府秘書，其間待業三個月（中國大陸局勢逆轉，來臺者眾，致人浮於事，一職難求）。
- 妻喬裝農婦，攜長、次二子由榕（福州）經贛、湘、粵、港輾轉抵臺，長女不克同行，陷福州岳家。

民國四十年（一九五一，四十六歲）

- 離市府，任南市軍民合作總站總幹事，其間待業五個月。
- 次女雲英在臺南出生。

民國四十一年（一九五二，四十七歲）

• 離軍民合作總站，繼待業六個月。

民國四十二年（一九五三，四十八歲）

• 北上臺北任臺灣省勞工之家總幹事。

• 么女雲門在臺北出生。

民國四十三年（一九五四，四十九歲）

• 轉任臺灣省總工會幹事，至六十六年以組訓組組長退休，前後凡廿三年。

民國六十六年（一九七七，七十二歲）

• 先生自省總工會退休後弄孫為樂，寄情書法、古籍，編寫廖氏族譜，囑兒女，日後若無法返鄉，子孫可以「鴻鵠臨臺海，蘭桂滿庭芳」為排行依準。

民國六十九年（一九八〇，七十五歲）

• 先生於六十九年七月十三日長眠臺北，辭世前不忘陷福州長女，不忘臨武家鄉民智閉塞，囑兒女，有緣回鄉興建圖書館，以啟民風。

後記／我們所知道的父親

父親在民國卅七年（一九四八）一月，也就是二二八事件後不到一年，調升憲十三團副團長，離開了他服務廿一年多的憲四團，從臺南前往雲南昆明。在雲南父親只停留了一年多就因病請調，在卅八年（一九四九）四月離開了雲南，同年七月父親以久病不癒，請長假回鄉休養，席未及暖，縣城陷共，父親倉促離鄉，在一片兵慌馬亂、政府軍節節敗退中，父親選擇再度來臺，在同年八月孑然一身抱病抵達高雄，全部行李只有一個小小的箱子，那年他四十四歲。

父親再度來臺後，短暫任職警界，僧多粥少，在長達三年的時間中數度待業，後承舊識臺南士紳陳天順之助，受聘於臺灣省總工會，才得站穩腳步，撫養我們兄妹幾人長大。我們小時所知的父親是個朝九晚五的公務員，家母對我們管教十分嚴格，但對父親很敬重，偶而會告訴我們一些父親的往事（父親本人倒是不常說），所以我們知道父親曾經是軍人，那時家裡偶爾會有一些訪客，他們對父親很恭敬，稱他「老營長」，其中有一位住在臺南麻豆，每年中秋總會帶一簍麻豆柚子來，有一次他請父親寫幅字，好像是朱子治家格言，說要帶回去掛起來。

父親字寫的很好，也有些舊文學底子。我們小時，學校要做教室布置，我們都會央請他寫些標語、格言，貼在教室牆上。父親愛讀書，記憶中父親有很多歷史書籍、古典文學書籍，下班回家時他常會帶著用報紙包的世界文學名著回來給我們（那時書店賣書是用報紙包的）。臺灣氣候

潮濕，他每年帶著我們曬書，告訴我們只要成了本書就要好好保護。他年老後曾說想回鄉建一個圖書館，因為臨武老家民風閉塞。這大概與他幼時家貧，書報雜誌要向族兄借閱，有所不便的關係。

父親象棋也下的不錯，他喜歡動腦筋，看事看得遠，也很有點幽默感。他話不多，但有時會跟我們說歷史故事與文人軼事，常有他自己不同於「主流」的看法。他生性耿直，講話不繞彎子，他的朋友不多，但交情都很深。從小長大，家母是我們家的「外交部長」、「經濟部長」，父親是「翰林院」的。

父親祖籍湖南臨武，他生於清末，幼讀私塾，對四維八德這些中國傳統道德觀早有浸潤。他的青少年時代正處民初，列強環伺，國家積弱，大批年輕人心嚮革命，父親因而投身軍旅（他是徒步去的，從臨武到廣州應有數百公里之遙，那個時代人的毅力實非我們現在能想像）。他曾在一文中寫到「當民國十五年，革命勢力澎湃無比，我兩次丟棄我教小學的生活要去投軍，首次是在三月，擬隨堂兄鴻猷投考黃埔軍校六期，但被阻於家人，第二次是在七月獨自潛離鄉井，中途又被阻於急病，然而此志不移，終於當年十一月到達了廣州，投入國民革命軍總司令部憲兵團充當憲兵二等兵」（見父親手書「服務憲兵經過」，原稿現存史丹佛大學胡佛研究所檔案館）。

父親在軍中自基層做起，因勤奮吃苦，意志堅定，且通曉文書，受長官拔擢。他在同文中寫到：「……受那嚴格的【新兵】訓練，同鄉同學同在營中約有十幾名，他們多受不住那樣煎熬，先後相偕逃亡一空，唯獨我廖某，一心一意，在此期間把我所有的生命力向東山白雲山沙河瘦狗嶺一帶的荊棘叢中亂鑽亂滾……」、「徒步向贛州進發，跋山涉河連日頗多落伍者，獨我手

執營旗冒雨緊隨營長馬後無稍疲態，某夜宿營小江口，官兵不得食，飢寒交迫，人人疲甚，獨我堅強逾恆，採買菜根茅草供營部官兵充饑取暖，當蒙營長謝聯青睞，詢我身世，知曾任教職，命我到達南昌時，恭書總理遺囑呈核，迨達南昌，命升為上等兵……並囑以後如考軍校，渠當作保……」。

父親於七七蘆溝橋事變之際畢業於中央軍校洛陽分校，他的畢業證書「中央各軍事學校畢業生登記證」隨著他輾轉到了臺灣，同時倖存的還有「中華民國軍人手牒」。這兩份文件顯示當年國府軍人養成教育以四維八德為骨幹，「保護人民」是軍人十項訓條之一（兩份文件現均存史丹佛大學胡佛研究所檔案館）。

我們從小耳濡目染，知道父親是個對四維八德這些中國傳統道德深信不移、身體力行的人，他的二十多年軍旅生涯除了二二八事件有份手稿留下外，我們所知無多，但我們深信他是位有榮譽感、有武德的軍人，下述幾則兒時所聞軼事或可為表：

- 父親行事仁義。他在福建南平任警務團附時，有件民婦私藏鴉片案，父親以罪證不足，將民婦開釋，遭長官斥責「廖駿業，你想要生幾個兒子？」
- 父親愛護部屬。他過世後我們收到一封悼念函，致函人士追憶他當年在南平東山頭接受父親主持的新兵訓練，說父親「嚴而慈」。家母回憶說父親對有病的士兵十分疼惜，有位士兵有氣喘病，父親晚上都回到家了，還會再換上軍服，回營區探望這名士兵。軍中有競賽時父親是寧願全隊得分低，也不要士兵抱病參賽。
- 父親清廉。我們從小常聽到「我廖駿業從不貪污」，家母也常說「你們爸爸是不拿錢

的」。卅七年（一九四八）父親調職，離臺赴雲南，消息公布後，有人攜錢登門謝救命恩，父親堅拒接受。

父親在臺灣省總工會任職至退休，前後凡二十三年，我們都已長大離家，各自成家立業，父親弄孫為樂之餘，寄情書法、古籍，編寫廖氏族譜，囑我們日後若無法返鄉，子孫可以「鴻臨臺海，蘭桂滿庭芳」為排行依準。父親思念故鄉，填擣鍊子「武溪碧，玉屏青，毓秀曷如積德馨，禮樂詩書傳奕世，忠勤篤厚振家聲」誌念，但臺海對峙仍峻，終未能還鄉。父親在退休三年後因病辭世，逝前未受苦楚，子女家人環繞，家母堅信那是因為父親一生做好事救過許多人（家母是佛教徒），我們不知家母的信念有沒有科學根據，但我們尊敬父親，他的誠懇、正直、坦蕩、有所為有所不為一直是我們的典範。

後記／父親與憲兵

父親離世倏忽四十多年，整理此書出版是母親的心願，可惜母親在今夏往生了，未及見到本書的出版。我們整理母親遺物，想到他們那一代毫不浪漫但彼此同心的婚姻，覺得人生事多看似偶然，但實非偶然。母親出生福州望族，十五歲時日軍攻入福州，母親女扮男裝逃往南平山區，一年後在外婆做主下，嫁給當時駐軍南平與母親只有一面之緣、比母親年長一輪多的父親（外婆是父親直屬長官高維民團長夫人的好友，母親是獨女，戰火中外婆希望母親早日成婚，還有外婆相信命理，認為母親嫁大過一輪以上的先生才能白頭偕老）。他們結褵三十八載，前頭幾年日子還不錯，逃難來臺後，依父親自傳所言是「今非昔比」，家中食指浩繁，母親需要出外工作，才能幫著父親供我們溫飽、上學。母親嫁給父親，大半輩子是極其辛勞的，但母親敬重父親，提到父親憲兵生涯的點滴總是有很深的榮譽感，至老不渝。我們覺得這不止是他們那一代女性的傳統禮教，而是母親有實際看到、感受到父親的為人處世。

我們從小長大，忙著唸書上學，知道父親曾任職憲兵，但對憲兵只有很模糊的認識，除了總統府前的衛兵，似乎從未見過憲兵。離家來美，公私兩忙，諸事力有未逮。直到退休了才略為瞭解這些年各界對二二八事件的討論，讀到許多憲兵負面的報導，對此我們非文史專業，沒有資格置喙，但做為一個老憲兵的後人，我們想從個人的角度略談一下我們所知道的憲兵，給讀者做個

參考。

父親與憲四團

父親在憲四團的時間是很久的，他在自傳中寫到：「……民十五年冬赴穗，投身國民革命軍總司令部憲兵團充當憲兵……（十七年）團改番號為憲兵第一團……（廿二年）團改番號為憲兵第四團……卅四年十月率全營附第五連來臺，負責接收日軍憲兵部隊……」，我們在參考〈國府憲兵要史簡沿〉[1]後確定國民革命軍總司令部憲兵團是憲一團的前身、憲一團是憲四團的前身，這也就是說父親不但是國府早期招募入伍的憲兵，而且他從當年在廣州入伍到後來來臺接收，這廿年左右的時間，都是在同一個團服勤，難怪我們小時有聽過「你們爸爸的資格很老」。父親與憲四團的感情應是很深的，印象中憲四團有時會辦聚會，父親會去參加，在僅存的一張照片中，父親的笑容很是燦爛。父親稱當年的夥伴「老第四團的」，他們的團長高維民，父親是常提起的，稱他做「老團長」。

憲兵建軍與抗日

父親的那個年代是個多難的年代，清廷覆亡，各方勢力割據，日本對分裂的中國野心勃勃，屢屢製造事端，以做侵略藉口。國民政府在北伐成功後積極建軍、備戰，其中之一就是建立憲

兵。當時的危機意識可由憲兵司令部成立、憲兵令頒佈那前後一年內所發生的事略窺端倪：

• 廿年九月十八日　九一八事變，日本藉南滿鐵路事件，侵佔東北三省全部，國府因「攘外應先安內」的政策，也因對日軍力懸殊，忍辱退讓。
• 廿一年一月十六日　憲兵司令部成立
• 廿一年一日廿八日　一二八淞滬戰事，日本藉日僧被殺事件，派兵進攻上海，國府抵抗失利，再度忍辱退讓。
• 廿一年三月一日　滿州國成立，達成日本在中國東北建立傀儡政權的目的
• 廿一年四月　憲兵軍官講習會成立，積極訓練憲兵幹部（父親是此講習會第三期學員）
• 廿一年八月　憲兵教導總隊成立，積極訓練新兵
• 廿一年八月廿日　國府頒佈憲兵令
• 廿一年九月廿日　軍政部公佈憲兵服務章程，明定我國憲兵主掌軍事警察，兼掌行政警察、司法警察

對日抗戰終於在民國廿六年七月七日蘆溝橋事變後全面爆發，那個時候憲兵已經從北伐在廣州誓師時候的一個團、奠都南京時候的兩個團，擴充到了十一個團。全國那時劃為幾個戰區，憲四團歸屬第三戰區，主要防區在福建、浙江。第三戰區在戰爭初起時是主戰場，淞滬會戰、南京保衛戰相繼失利，南京失守後，主力戰場西移。

依父親自傳看來，訓練新兵及軍士是當時駐防閩浙的憲四團重要職責之一。隨著戰事升高，戰場擴大，兵員需求相對增高（〈國府憲兵要史簡沿〉指出八年抗戰，憲兵殉職達一萬三千一百

人；當時憲兵部隊建制，每團兵力約一千多人），國府招募大量年輕人從軍，南洋華僑子弟回國投軍的也所在多聞，憲兵持續擴充，到抗戰勝利時全國已有二十四個憲兵團。憲四團以地緣之故，奉派來臺接收，主要工作包括接收日軍物資，維持縱貫鐵路沿線安全秩序，協助各地警察維持治安，及維持軍紀。

憲兵訓練養成

國民政府的憲兵訓練是由谷正倫主持籌劃的，古正倫留日，畢業於日本士官學校，他的訓練方案主要參考日本關東軍憲兵教習隊，再兼顧國情需要與時代潮流制定。在新兵的招募方面，憲兵比一般普通陸軍標準高，要求是初中或高中畢業者（最低限度高小畢業生），這以當時的教育水平來看是要求較高的（母親常說那時憲兵出來與普通軍一看氣質就不一樣）。

在新兵訓練內容上，國府文武並重，除術科外，還有憲兵學、法律學等學科教育。在軍官的養成方面，除憲兵實務、司法警察實務外，還學習各種法律（國際法、刑法、刑訴法、軍刑法）、政治思想及精神教育。精神教育課程，以傳統倫理教育基礎的論語、中庸、孟子、詩經、易經等四書五經為準，是谷正倫等人對學員講授並加以考核的重點。

古正倫也參考日本憲兵「特別高等警察組」的建製作業與活動為藍本，成立「特務教育班」，訓練憲兵情報人才，以對應日諜、漢奸及共黨人員。學員畢業後進入憲兵特勤隊，後改名為憲兵特高組，配屬各憲兵團，但統由憲兵司令部警務處指揮。

憲兵、國共之爭與二二八

國府與共黨之間的矛盾衝突其來有自，民國十四年主張「聯俄容共」的國父孫中山先生逝世後，國共裂痕迅速擴大，十六年共黨成立紅軍開始武裝抗爭，史稱「第一次國共內戰」，這一個抗爭延續到民國廿六年，雙方同意合作抗日才緩解了下來。卅四年抗日戰爭勝利後，武裝衝突再度爆發，在美國調停之下，雙方打打談談，情勢詭譎。卅六年二二八事件發生之時，國共正處在談判全面破裂、戰爭即將全面開始之際。國府對共黨高度戒懼，其情形可由下列數事看出大概：

- 卅四年八月　日本投降，抗戰勝利
- 卅四年十二月　美國總統杜魯門派馬歇爾將軍為特使，來華調停國共之爭
- 卅五年三月　共黨藉蘇聯自東北撤軍，攻佔主要據點
- 卅五年六月　山東和中原地區陸續爆發戰爭
- 卅六年一月八日　馬歇爾離華，宣告調停失敗
- 卅六年一月廿九　美國退出調停
- 卅六年二至三月　美國、國府、共黨三方調停辦事處陸續關閉，談判人員陸續撤離（二二八事件在此時發生）
- 卅六年三月十五至廿四日　國民黨三中全會，「中共全面叛亂……政治解決的途徑已經絕望」，國共兩黨合作希望破滅

・卅六年九月　共軍開始展開主動攻勢，戰局開始逆轉

從這些時間點，我們不難想像國府當時決策人員對共黨的思維。二二八事件由緝煙不當，在短短幾天內演變成全島武裝抗爭，共黨份子（諸如臺中的謝雪紅）有介入是事實。在此時空背景之下，國府派兵來臺鎮壓及進行之後的清鄉，是有因可循的。對此，我們後人讀史，無需寬恕，但可嘗試了解。

家屬代表廖雲門
二〇二一年九月

1　後備憲兵論壇，〈國府憲兵要史簡沿〉，收錄於「中華民國後備憲兵論壇」：https://www.rocmp.org/mp.rocmp.org/mp/（二〇二二年四月八日點閱）。

另一個視角下的二二八

廖駿業營長南市手記

原　　著／廖駿業

主　　編／楊善堯

導　　讀／蘇聖雄

策劃出版／喆閎人文工作室

叢書系列／時代人物三

地　　址／新北市新莊區中華路一段一〇〇號一〇樓

電　　話／+八八六-二-二二七七-〇六七五

校　　對／廖雲門、陳育諄

封面設計／泰有文化藝術有限公司　曾泰翔

排版印製／秀威資訊科技股份有限公司

初版一刷／二〇二三年十月

定　　價／新臺幣三五〇元

I S B N／978-986-99268-3-6

國家圖書館出版品預行編目

另一個視角下的二二八 : 廖駿業營長南市手記 /
廖駿業原著 ; 楊善堯主編. -- 初版. -- 新北市 :
喆閎人文工作室, 2023.10
面 ;　公分. -- (時代人物 ; 3)
ISBN 978-986-99268-3-6(精裝)

1.CST: 廖駿業 2.CST: 傳記
3.CST: 二二八事件

783.3886　　112013727